Horst Stahl

Bonsai

Band I

Selbst pflegen und in Form halten

Ich danke für ihre Mithilfe bei der Erstellung dieses Buches ganz besonders:

Franz Drilling
Peter Krebs
Raffaello Galizzi
Harald Grahe
und
Ilse Melzer

Originalausgabe 2. Auflage

Zeichnungen: Raffaello Galizzi, Ilse Melzer
Bildmaterial: Raffaello Galizzi, Archiv Horst Stahl, Lutz von Staegmann
Umschlaggestaltung: Peter Krebs
Reproduktionen: Kurt Kropf, Essen
Druck: Meinders & Elstermann GmbH & Co. KG, Osnabrück
Printed in Germany
ISBN 3-9801493-0-7

Inhalt

Vorwort

Das Buch ist das Ergebnis von mehr als 10 Jahren Arbeit mit und um Bonsai. Die meisten Aussagen in diesem Buch sind die Essenz von Versuchen mit den Pflanzen, zum Teil aber auch aus dem Studium von japanischer Originalliteratur entstanden.

Mit Hilfe meines Biologiestudiums konnte ich mir schon zu Beginn meiner Beschäftigung mit Bonsai viele der aus Japan kommenden Pflegemaßnahmen hintergrundtiefer erklären. Für mich war immer wichtig zu erkennen, was eine vorgeschlagene Maßnahme in der Pflanze bewirkt. Wirklich einsichtig wird ein Tun erst, wenn der Sinn deutlich wird.

Genau diese Erkenntnis brachte mich zum Verfassen dieses Buches. Bei allen zentralen Aussagen habe ich mich bemüht, den Sinn der jeweiligen vorgeschlagenen Maßnahme deutlich zu machen. Entsprechend nimmt die Botanik einen hohen Stellenwert innerhalb der einzelnen Kapitel ein.

Bonsai bedeutet für jeden sicherlich individuell etwas anderes, allen Bonsai-Freunden gemeinsam ist aber die Liebe zu ihren Bäumen. Vielleicht öffnet Bonsai auch so manchen Menschen die Augen für die Natur und die in ihr stattfindenden Abläufe. Sicher wird aber jeder Bonsai-Freund zu einem Beobachter der Natur.

Auch diesem Bedürfnis soll dieses Buch dienen. Zusammenhänge erkennen und sich Abläufe erklären können, läßt den einen oder anderen im Umgang mit seinen Bonsai mutiger werden. Dieses Buch will demjenigen Mut machen, der sich vielleicht bisher nicht getraut hat, seine Bäume selbst wieder die richtige Form zu geben.

Ganz bewußt habe ich in diesem Buch auf das Selbstgestalten von Baumschulpflanzen verzichtet. Ich bin der Meinung, daß man zunächst mit halbfertigen oder fertigen Bonsai beginnen sollte, um seine Erfahrungen mit den Bäumen zu machen. Erst danach geht man mit einem ganz anderen Selbstbewußtsein an die Formung und danach auch an die Gestaltung von Bonsai heran. Band II wird diese Themen zum Gegenstand haben.

Ich hoffe, daß Sie mit Hilfe dieses Buches noch mehr Freude an Ihren Bonsai haben werden.

Horst Stahl
Haltern, im Juni 1987

Bonsai-Kauf ist nicht Vertrauenssache

Gerade für den unerfahrenen Bonsai-Neuling ist das Angebot an Bonsai sehr unübersichtlich. Leicht verliert man den Überblick, wenn man sich anschaut, was alles unter dem Namen Bonsai angeboten wird.

Es ist sicher kein Geheimnis, wenn man sagt, daß mittlerweile fast alles, was einigermaßen verholzt und baumartig aussieht, in eine Schale gepflanzt und unter dem Namen Bonsai verkauft wird.

Was ist ein guter Bonsai?

Für die Qualität eines Bonsai ist sein Alter sicherlich nur ein unzureichendes Kriterium. Ein Baum kann noch recht jung sein und dennoch als guter Bonsai bezeichnet werden, während es sehr alte Bäume in Schalen gibt, denen fast alle Merkmale eines guten Bonsai fehlen.

Bonsai heißt frei übersetzt: Baum in der Schale. Das bedeutet, daß ein wichtiges Kriterium die Harmonie von Baum und Schale ist. Passen Form und Farbe der Schale nicht zur Aussage des Baumes, haben wir einen schlechten Bonsai. Leicht läßt sich aber dieser Makel beheben; wir brauchen den Baum nur in die richtige Schale umzupflanzen.
Drei herausragende Merkmale machen einen guten Bonsai-Baum aus: erstens der Stamm, zweitens die Äste und Zweige, drittens der Wurzelansatz.

Der **Wurzelansatz** sollte kraftvoll den Übergang zwischen Stamm und Wurzelbereich darstellen. Wie bei einem alten Baum in der freien Natur streben dicke Wurzeln von allen Seiten auf den Stamm zu. Natürlich muß man diese Wurzeln auch sehen können; sie sollten also nicht von Erde bedeckt sein. Ein guter Wurzelansatz erweckt den Eindruck der Standfestigkeit und Erdverbundenheit.

Ein Baum ohne sichtbaren Wurzelansatz erinnert eher an einen Telegrafenmasten als an einen schönen Baum. Häufig sind Bonsai ohne sichtbaren Wurzelansatz nur schlecht eingetopft worden, und man kann beim nächsten Umpflanzen meist tiefer unten einen recht schönen Wurzelansatz freiarbeiten.

Bei einigen Bonsai, vor allem Dreispitzahornen, bildet der Wurzelansatz sogar einen richtigen Wurzelteller. Gerade der Dreispitzahorn neigt dazu, im Laufe der Jahre aneinanderstoßende Wurzeln miteinander verwachsen zu lassen, die dann einen Wurzelteller bilden.

Der **Stamm** ist das zentrale Gestaltungselement eines Baumes. Der Stamm sollte mit Leichtigkeit fest stehen und elegant seiner Krone

Ein Baum, der in sich alle Kriterien eines guten Bonsai vereinigt, hat natürlich seinen Preis. Bis ein Solitär diese ausgewogene Schönheit erlangt hat, sind viele Jahre vergangen, und der Meister hat sein ganzes gestalterisches Können aufgeboten.

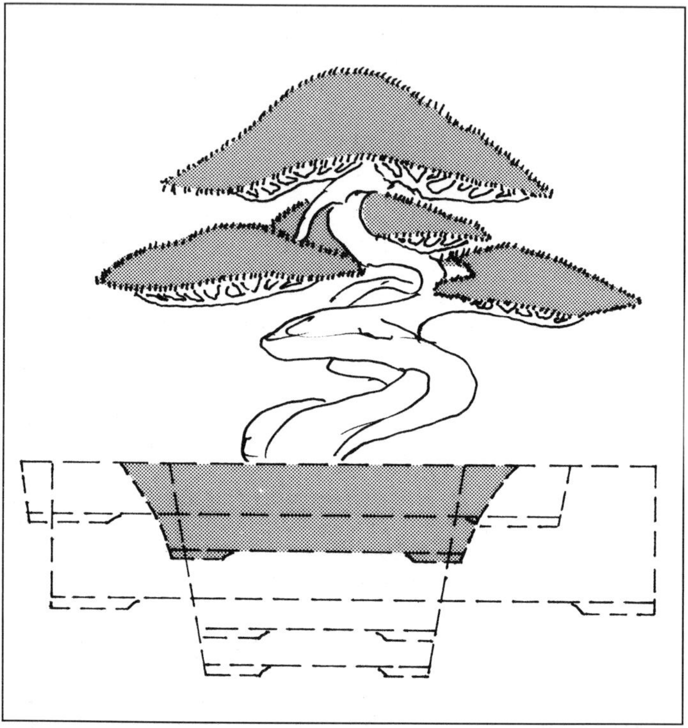

Die Auswahl der richtigen Schale ist häufig eine „Qual der Wahl". Die Form und Farbe der Schale sollen die Schönheit des Baumes unterstreichen, nicht aber mit ihm konkurrieren. Um die richtige Schale zu finden, empfiehlt es sich, den Baum mitzunehmen und in verschiedene Schalen zur Probe zu stellen. Meist findet man auf diesem Wege leichter die optimale Schale, und wir kommen zu einer gelungenen Gesamtkomposition „Bonsai".

zustreben. Er sollte das Gefühl eines großen Baumes in der freien Natur vermitteln, wobei seine Dicke nicht entscheidend ist.

Alle geraden Stämme sollten sich zur Spitze hin gleichmäßig verjüngen und nicht abrupt von dick nach dünn übergehen. Solche Bäume haben Ähnlichkeit mit einem in den Boden gesteckten Reisigbesen.

Alle Bonsai mit gewundenem Stamm sollten sich harmonisch und elegant zur Krone hin bewegen. Jede unruhige Zickzackbewegung ist eher Ausdruck von Effekthascherei als von gestalterischem Können.

Die Borke sollte so aussehen, wie sie für einen alten Baum dieser Art typisch ist. Bei allen starkborkigen Arten sollte die Borke entsprechend ausgebildet sein. Auch einer Bonsai-Birke glaubt man ihr vorgetäuschtes Alter nur, wenn die Borke weiß schimmert.

Die **Äste und Zweige** sind quasi wie das Muster eines Textils; ohne sie hat der Baum keine Form.

Grundsätzlich hat ein junger Baum aufwärts gerichtete Äste, während die Äste eines alten Baumes abwärts zeigen. Es ist weder schön, noch gut für einen Bonsai, wenn er zuviele Äste und Zweige hat. Die Äste sollten die Form des Stammes unterstreichen, nicht aber zum Selbstzweck werden.

Es ist wichtig, die Verzweigung, Dicke und Länge, wie auch die Wuchsrichtung und Form der Äste zu kontrollieren und bei Bedarf zu korrigieren oder gar zu entfernen. Es ist klar zu verstehen, warum ein Ast, der den Stamm auf der Vorderseite kreuzt, entfernt werden sollte oder zumindest so zu bearbeiten ist, daß er den sonst guten Gesamteindruck nicht weiterhin stört. Das gleiche gilt für sich kreuzende Äste, die in gleicher Höhe liegen oder eng nebeneinander aus dem Stamm wachsen.

Das untere Drittel eines Stammes sollte normalerweise ohne Äste sein, da sie sonst den Wurzelansatz und den Stamm verdecken würden.

Blätter, Nadeln und Knospen sollten sich in dem für die Jahreszeit typischen Entwicklungsstand befinden.

Ein Problem, das Käufer und Händler gleichermaßen plagt, ist der zum Teil eingewachsene Draht vor allem bei Kiefern. Grundsätzlich bringt eingewachsener Draht den Baum nicht um, hinterläßt aber nach dem Entfernen meist unschöne Wunden und Narben und mindert nicht selten den Wert des Baumes.

Zusätzlich sollten die Bäume gut eingewurzelt sein. Gerade umgetopfte Pflanzen sind besonders für den Bonsai-Neuling unter Umständen ein Pflegeproblem.

Das richtige Werkzeug für den Anfang

Für die Pflege der Bonsai werden im Fachhandel eine Reihe von nützlichen Werkzeugen angeboten. Natürlich braucht man nicht jedes angebotene Werkzeug gleich zu Anfang. Man wird aber bald feststellen, daß so manch ein Spezialwerkzeug die täglichen Pflegearbeiten deutlich vereinfacht:

1. Die **Bonsai-Schere** wurde im Laufe der Jahrhunderte in Japan entwickelt. Durch das günstige Verhältnis der Hebelarme kann man leicht die notwendigen Schnittarbeiten durchführen. Die großen Griffohren erlauben es, mit der ganzen Hand kraftvoll zuzugreifen.

Die beiden scharfen Schnittflächen hinterlassen einen glatten, gut verheilenden Schnitt.

2. Die **lange Bonsai-Schere** ist hauptsächlich für feine Schnittarbeiten im Innern einer dichten Krone vorgesehen. Man kommt mit der Schneide tief in das Innere der Krone hinein, ohne dabei weiter außen stehende Äste abzubrechen.

3. Mit der **Konkav-Zange** können mühelos dickere Äste und Wurzeln abgetrennt werden. Wie ihr Name schon sagt, hinterläßt sie eine Schnittfläche, die leicht nach innen gebogen ist. Dieser Schnitt verheilt besser, während sich die Narbe gut in die Rindenfläche einpaßt.

4. Mit der **Draht-Zange** wird der Bonsai-Draht Windung für Windung am Baum durchgekniffen. Die Zange arbeitet nach dem Prinzip des Seitenschneiders, d. h. die Kneifbacken bewegen sich wie bei einer Schere aufeinander zu. Durch die günstigen Hebelverhältnisse können selbst schwächere Personen auch dickere Drähte mühelos durchkneifen. Die Schnittführung erlaubt es den Draht durchzukneifen, ohne dabei die Rinde des Baumes zu verletzen.

5. Eine **Wurzelkralle** hilft beim Umtopfen, den Wurzelfilz zu lockern und dadurch den Wurzelschnitt richtig vorzubereiten.

6. **Bonsai-Draht** in verschiedenen Stärken braucht man, um durch Drahten Formkorrekturen durchzuführen. Wegen seiner besseren Biegbarkeit bei gleichzeitiger Stabilität wird verkupferter Aluminiumdraht angeboten.

7. Ein **Wundverschlußmittel** sollte grundsätzlich auf die Wunde aufgetragen werden, wenn die Wunde mehr als Bleistiftstärke hat. Das Wundverschlußmittel übernimmt beim Baum die Funktion eines „Pflasters“ und schützt dadurch das Innere des Baumes gegen Pilze, Bakterien und Viren.

8. Die **langhalsige Bonsai-Gießkanne** leistet gute Dienste beim Wässern der Bonsai. Der lange Hals bringt den nötigen Wasserdruck,

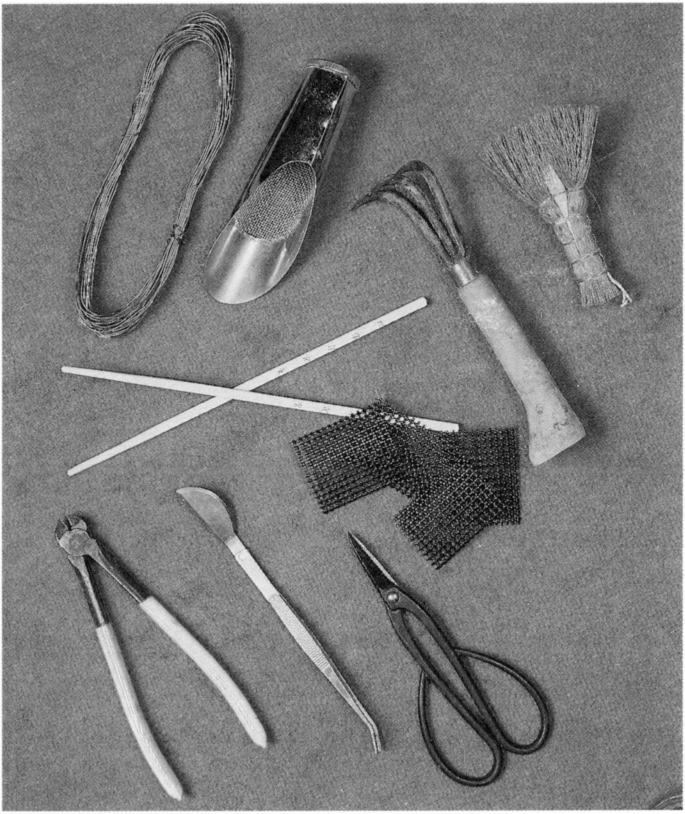

während der feine Brausekopf für eine ausreichende Zerstäubung der Wassertropfen sorgt.

9. **Kunststoffnetze** oder **Fliegendraht** werden über die Wasserabzuglöcher gelegt und verhindern das Ausspülen der Erde beim Gießen.

10. **Eßstäbchen** oder **Pikkierstäbchen** brauchen wir, um die Bonsai-Erde wieder zwischen die Wurzeln zu stochern.

11. Das **gebogene Wurzelmesser** benutzt man um, gerade bei Schalen mit einwärts gebogenem Rand, den Wurzelballen vom Schalenrand abzuschneiden.

Bonsai sind keine speziellen Züchtungen

Insgesamt gibt es auf unserer Erde mehrere zehntausend verschiedene Baumarten. Im Prinzip sind alle Bäume potentielle Bonsai. Diese Aussage mag überraschen, wenn man bedenkt, wie klein Bonsai sein können und wie groß viele Bäume in der freien Natur werden.

Das zum Teil gewaltige Wachstum tritt bei allen Baumarten aber nur dann auf, wenn die Pflanze optimale Wachstumsbedingungen vorfindet.

Optimale Wachstumsbedingungen findet der Baum meist in einem frischen, tiefgründigen Boden, mit ausgewogenem Feuchtigkeits- und Nährsalzhaushalt. Zusätzlich begünstigen gute Lichtverhältnisse und Wärme während der Wachstumszeit das Größenwachstum. Alle Wachstumsbedingungen sind natürlich artspezifisch.

Sind die äußeren Bedingungen weniger günstig, so bleiben die Bäume kleinwüchsig, ohne dabei aber ihre typische Wuchsform einzubüßen.

Solche Bedingungen können durch zu geringe Niederschläge und kurze Sommer ausgelöst werden oder durch Standorte im Hochgebirge gegeben sein. Oft gehen wir achtlos an diesen „Natur-Bonsai“ vorbei und nehmen sie erst wahr, wenn wir uns mit Bonsai eingehender beschäftigt haben.

Im Vererbungsmaterial jeder Pflanze ist eine gewisse Bandbreite für das Wachstum gespeichert. Ob jetzt Groß- oder Zwergwuchs ausgeprägt wird, hängt von den äußeren Bedingungen ab.

Eindrucksvoll konnte ich das im Ritsurin-Park in Takamatsu (Japan) sehen. Dort steht eine riesige Kiefer mit gewaltigen Ausmaßen. Vor 200 Jahren wurde dieser Baum dem Fürsten von Takamatsu als Bonsai geschenkt. Die Chronik berichtet weiter, daß bereits 200 Jahre vor dieser Zeit ein Bonsai-Meister damit begonnen hatte, den Baum als Bonsai zu gestalten und zu pflegen. Der Fürst aber nahm den Baum aus seiner Schale und pflanzte ihn in den Garten ein. Ungehemmt konnte der Baum sich von nun an entwickeln und wuchs zu seiner jetzigen Größe heran.

Der Baum hatte also sowohl den Kleinwuchs, als auch den Großwuchs in seinem genetischen Material gespeichert und weder das eine noch das andere vergessen.

Entsprechend braucht man sich beim Pflanzenkauf für einen angehenden Bonsai nicht auf kleinwüchsige Arten beschränken. Im Gegenteil, oftmals sind kleinwüchsige Arten auch schwachwüchsig und erreichen dadurch erst nach langjähriger Gestaltungsarbeit die notwendige Ausgewogenheit.

Im Ritsurin-Park in Takamatsu auf Shikoku (Japan) steht eine Kiefer, die 200 Jahre als Bonsai gepflegt wurde, dann aus der Schale genommen wurde und von nun an unbeschnitten weiterwachsen durfte. In den letzten 200 Jahren ist sie zu einem mächtigen Baum herangewachsen.

Der richtige Standort

Sie haben sich einen Bonsai gekauft und wollen nun auch das Optimale für Ihren Baum tun. Wichtig ist, daß Sie zunächst einmal wissen, welcher Pflanzenart Ihr Bonsai angehört. Danach richtet sich die richtige Pflege.

Bonsai lassen sich nach ihrem Standort in drei große Gruppen einteilen.

1. Freiland-Bonsai

Alle Bäume und Sträucher unseres Klimabereiches lassen sich mehr oder weniger gut zu Bonsai formen. Auch die traditionellen Bonsai, wie Kiefern, Buchen, Zelkoven usw., gehören unserem Klimabereich an, auch wenn sie aus Japan kommen.

Unsere Klimazone bezeichnen die Geographen als die gemäßigten Breiten. Wir haben mäßig warme, nicht zu trockene Sommer und mäßig kalte Winter. Dennoch ist der Wechsel zwischen Sommer und Winter deutlich ausgeprägt. Im Sommer liegen die Temperaturen selten höher als +30° C, im Winter fällt das Thermometer selten unter −20° C.

Dieses Klima hat bei den Laubbäumen für die kälteren Monate einen Abwurf der Blätter zur Folge und bei allen Bäumen, also auch Nadelgehölzen, setzt ein Schutzmechanismus gegen die niedrigen Temperaturen ein. Unsere Bäume halten eine Art Winterschlaf, in dem die Stoffwechselvorgänge stark vermindert sind. Das Wachstum hat im Winter bei unseren Bäumen grundsätzlich aufgehört.

Die Bäume haben sich in einer Jahrmillionen dauernden Entwicklung auf diese Verhältnisse eingestellt. Das Frühjahr ist gekennzeichnet durch ansteigende Temperaturen, gleichzeitig nimmt durch den immer höher werdenden Sonnenstand auch die Lichtmenge langsam zu. Die sich ändernden äußeren Einflüsse geben den Bäumen die Information, daß es Zeit wird auszutreiben.

Aus den Knospen kommen junge Triebe und Blätter. Im Sommer haben wir dann ständig Temperaturen über +5° C und die stärkste Lichtintensität im Laufe des Jahres. Der Sommer wird also von den Bäumen und anderen Pflanzen genutzt, um Photosynthese zu betreiben.

Im Herbst gehen die Temperaturen langsam zurück, und vor allem durch den sinkenden Sonnenstand nimmt auch die Lichtintensität ab. Die Bäume wissen nun, daß der Winter naht und bereiten sich darauf vor. Laubfärbung und schließlich der Laubabwurf sind die äußeren Zeichen für den inneren Wandel der Bäume.

Im Winter endlich stehen unsere Laubbäume ohne Blätter da, während die Nadelgehölze zwar weiterhin ihre Nadeln behalten, aber auch in einen Ruhezustand übergegangen sind. All diese Vorgänge bekommt unser Bonsai nur bei einem Stand im Freien mit. Hier steuern die Umwelteinflüsse seine natürlichen Lebensvorgänge.

Ein solcher Bonsai darf auf keinen Fall über einen längeren Zeitraum in Wohnräumen stehen. Lediglich für wenige Stunden bis maximal 2 Tage kann der Bonsai im Sommer ins Zimmer geholt werden, ohne daß er Schäden erleidet.

Kurz gesagt: Die Kiefer im Zimmer ist zum Tode verurteilt. Im Winter sollten die Bäume auf keinen Fall ins Zimmer geholt werden. Sonst besteht die Gefahr, daß der Baum die Umwelteinflüsse wie höhere Temperaturen und künstliches Licht falsch interpretiert und vorzeitig austreibt.

Eine deutliche Schädigung ist die Folge, weil die Klimabedingungen im Zimmer keineswegs ausreichend sind.

Im Winter sollten wir den Wurzelballen vor dem Durchfrieren schützen.

2. Halbzimmer-Bonsai

Unter Halbzimmer-Bonsai versteht man alle Bonsai aus den Subtropen, etwa dem Mittelmeerklima vergleichbar.

Die Subtropen zeichnen sich durch warme, mäßig trockene Sommer und einen kühlen Winter aus. Entscheidend ist hier der Winter, in dem die Temperaturen selten unter +5°C fallen. Alle Bäume dieser Breiten legen im Winter zumindest eine kurze Ruheperiode ein, viele Laubbäume verlieren ihre Blätter. Wegen einer nur mäßigen Winteraushärtung vertragen diese Bäume allerdings keinen Frost.

Im Sommer sollten Bäume aus diesen Breiten einen Standort im Freien bekommen. Im Winter dagegen ist der Aufenthalt der Pflanzen in einem Zimmer, bevorzugt unbeheizt, unerläßlich. Die ideale Raumtemperatur liegt zwischen 8° und 12°C.

3. Zimmer-Bonsai

Wußten Sie eigentlich, daß Sie wahrscheinlich schon seit Jahren bonsaigeeignete Bäume auf Ihrem Fensterbrett pflegen?

Vielleicht die Birkenfeige. Sie wird in ihrer Heimat ein mächtiger Baum mit teilweise weit ausladender Krone. Bisher hat sie die Klimabedingungen in Ihrem Wohnzimmer sicher bestens überstanden.

Die Tropen zeichnen sich durch feucht-warme Sommer und keine ausgeprägten Winter aus. Die Tropen liegen alle in der Nähe des Äquators und haben somit das ganze Jahr einen relativ gleichbleibenden Sonnenstand. Im Sommer können wir unsere tropischen Bäume gut ins Freie stellen, aber bereits im Herbst gehören sie wieder ins Zimmer. Während des ganzen Jahres legen diese Bäume regelmäßig Ruheperioden ein, in denen sie einfach kein Wachstum zeigen.

Wenn wir im Winter bei trockener Heizungsluft in unseren Wohnräumen die Luftfeuchtigkeit durch Wasserverdunster erhöhen, danken uns das unsere tropischen Bonsai mit guter Gesundheit.

Auch kann es sinnvoll sein, mit Hilfe von Pflanzenlampen für eine stärkere Beleuchtung zu sorgen. Der Fachhandel bietet eine große Palette verschiedener, guter Lampen an.

Das Bonsai-Bord

Für unsere Bonsai ist im Sommer die Terrasse, der Balkon oder die Dachterrasse der richtige Standort. Nach Möglichkeit sollten die Pflanzen nicht direkt auf den Boden gestellt werden, weil Schädlinge hier leichter an die Bäume herankommen.

Ein Bonsai-Bord aus Lattenrosten ist der richtige Standort. Leicht erhöht können Sie so die Bäume gut betrachten und natürlich auch besser pflegen.

Durch den Lattenrost kann überschüssiges Gießwasser gut ablaufen und somit Staunässe verhindern. Standflächen mit glatter Oberfläche, wie Glas, Marmor oder lackierte Holzbretter mögen dekorativ aussehen, bergen aber Gefahren für die Gesundheit der Bonsai – die Bildung von Wasserblasen unter den Schalen.

Der Standort des Bonsai-Bords sollte so gewählt sein, daß bei Bedarf in der warmen Jahreszeit leicht schattiert werden kann. Manche Bonsai lieben einen Standort im Halbschatten.

Vorsicht ist bei überdachten Balkonen geboten. Hier kann es unter Umständen zu einem Lichtmangel bei den Bonsai kommen. Wir müssen immerhin bedenken, daß unsere Augen die Menge an Licht subjektiv, die Pflanzen die Lichtmenge hingegen objektiv feststellen. Unsere Augen passen sich durch Öffnen oder Schließen der Pupille den Lichtverhältnissen an, eine Pflanze kann das nicht.

Überwinterung von Freiland-Bonsai

Wenn wir die Bonsai im Herbst richtig behandelt haben, sind sie ausgehärtet und die oberirdischen Pflanzenteile sind gegen Frost geschützt. Lediglich die Wurzeln haben eine nur unzureichende Aushärtung erfahren und sind daher frostgefährdet.

Es gibt verschiedene praktikable Möglichkeiten, den Wurzelballen wirkungsvoll zu schützen:

1. Hat sich in der Schale ein kompakter Wurzelballen gebildet, so können wir den Bonsai aus seiner Schale nehmen.

Im Garten haben wir unter einem größeren Baum ein Loch ausgehoben, in welches wir feuchten Torf einfüllen. Bis oberhalb des Wurzelhalses senken wir den Bonsai in Torf ein. Nun muß der Torf während des ganzen Winters feucht gehalten werden.

Hat der Bonsai noch keinen kompakten Wurzelballen in der Schale ausgebildet, müssen wir ihn mit der Schale in den Torf einbetten. Hier haben wir die Schwierigkeit, den Wurzelballen feucht zu halten. Normalerweise geht durch die Wände der Schale keine Feuchtigkeit vom Torf auf den Wurzelballen über. Entsprechend müssen wir von Zeit zu Zeit den Torf wegnehmen und die Feuchtigkeit des Wurzelballens kontrollieren. Bei Bedarf muß gewässert werden.

2. Haben wir keinen Garten, so können wir eine große Kiste mit Löchern im Boden mit feuchtem Torf füllen. In diese Kiste senken wir die Bonsai wie in 1. beschrieben ein und halten den Torf feucht.

Ein zusätzlicher Schutz der oberirdischen Pflanzenteile ist in der Regel nicht erforderlich.

Wichtig ist aber, daß der Überwinterungsort der Bonsai wind- und sonnengeschützt liegt.

Kalte Winde lassen die oberirdischen Teile schneller Wasser verdunsten, als von den Wurzeln nachgeliefert werden kann. Die Folge ist, der Bonsai trocknet langsam aus.

Nach einer frostkalten Nacht sind die oberirdischen Teile natürlich eingefroren. Kommt nun an einem klaren Wintertag die Sonne heraus, so können die Strahlen den sonnenzugewandten Teil sehr schnell auftauen, während der sonnenabgewandte Teil weiterhin gefroren bleibt. Es kommt bereits zu Gewebespannungen innerhalb des Baumes. In der darauffolgenden Nacht friert der vorher aufgetaute Teil wieder ein. Die

Gewebespannungen nehmen weiter zu. Das Absprengen von ganzen Rindenbereichen als Frostplatten kann die Folge sein. Solche Frostwunden heilen, wenn überhaupt, nur sehr schlecht.

3. Nicht vollständig ausgehärtete Bonsai brauchen einen zusätzlichen Schutz der oberirdischen Teile. Hier kann ein Gartenzugang vom Keller eines Hauses her hilfreiche Dienste leisten.

Mit einer dicken, aber milchigen Folie können wir den Abgang abdekken. Nun kann die Wärme des Hauses durch die Kellertür zu den Bonsai gelangen und den Bereich frostfrei halten.

4. Eine weitere Möglichkeit praktiziere ich seit einigen Jahren. Ich habe einfach meine Garage zum Bonsai-Winterquartier umfunktioniert.

Einige über eine Zeitschaltuhr gesteuerte Pflanzenleuchten sorgen für eine ausreichende Beleuchtung, das Zeitintervall ist der jeweiligen Tageslänge angepaßt. Als Frostwächter dient eine leistungsstarke thermostatgesteuerte Gewächshausheizung. Sie hält die Garage zuverlässig frostfrei.

5. Ein Treppenhaus oder ein ungeheizter Raum können unter Umständen auch der richtige Überwinterungsplatz für die Freiland-Bonsai sein. Hier sollten die Temperaturen auf keinen Fall höher als +8°C klettern, da die Bonsai sonst vorzeitig auszutreiben beginnen.

Treiben die Bonsai zu früh aus, finden sie keine optimalen Lichtverhältnisse vor und wir bekommen einen schädlingsanfälligen, kränkelnden Austrieb. Zusätzlich sind die Blattzwischenräume groß und die Blätter klein und blaß. Wir sprechen von vergeilten Pflanzen.

Vergeilte Triebe sind für die Form des Bonsai in der Regel wertlos und sollten nach Möglichkeit, sobald wir den Bäumen wieder gute Wachstumsbedingungen bieten können, entfernt werden. Manchmal bleibt nichts anderes übrig, als den Baum stark zurückzuschneiden und aus den nun austreibenden schlafenden Augen neu aufzubauen.

Im Frühjahr, wenn keine strengen Fröste mehr zu erwarten sind, sollten die Bonsai dann wieder ihren gewohnten Platz erhalten.

Im zeitigen Frühjahr sind aber immer noch Nachtfröste zu erwarten. Hier sind vor allem Ahorne recht stark gefährdet. Geschädigte Blätter sind besonders krankheitsanfällig.

Zimmer-Bonsai im Winter

Da die meisten Zimmer-Bonsai keine ausgesprochene Ruheperiode haben, brauchen sie auch im Winter eine ausreichende Lichtmenge, um weiterhin Photosynthese betreiben zu können. Die natürlichen Lichtwerte sind in unseren Breiten im Winter aber weit von den Optimalwerten entfernt.

Entsprechend ist es meist nötig, mit Hilfe von Pflanzenlampen für eine Zusatzbeleuchtung zu sorgen. Mit Hilfe der Beleuchtungsautomatik eines Fotoapparates läßt sich die Lichtmenge recht leicht messen:

Wir stellen die Filmempfindlichkeit auf 18 DIN ein und öffnen auf Blende 2,8. Halten wir nun das Gerät in Höhe der Pflanze gegen das Licht, zeigt uns die Automatik die Beleuchtungszeit an:

$\frac{1}{30}$ sec. entsprechen 250 Lux
$\frac{1}{60}$ sec. entsprechen 470 Lux
$\frac{1}{125}$ sec. entsprechen 1220 Lux
$\frac{1}{250}$ sec. entsprechen 2300 Lux

Zwischen den Werten 1220 und 2300 Lux sollten die richtigen Lichtwerte liegen. Werden die Werte nicht erreicht, brauchen wir eine Zusatzbeleuchtung.

Höhe der Lichtquelle über den Pflanzen	Erreichbare Lichtstärke und Größe der Fläche		
	mit 1 Leuchte	mit 2 Leuchten Abstand 40 cm	mit 3 Leuchten Abstand 40 cm
50 cm	1500 Lux 70 cm		
70 cm	1000 Lux 80 cm	1500 Lux 80 × 100 cm	
100 cm	500 Lux 90 cm	1000 Lux 80 × 90 cm	1500 Lux 60 × 80 cm

Wasser – das Lebenselexier

Jeder lebende Organismus besteht zu einem nicht unerheblichen Teil seines Gewichts aus Wasser. Bei Pflanzen beträgt der Wasseranteil 40–60%.

Wasser ist das universelle Transport- und Stoffwechselmedium. Den größten Teil des notwendigen Wassers nimmt die Pflanze durch die Wurzeln aus dem Erdreich auf. Durch den Stamm, die Äste und Zweige wird es dann bis hin zu den Blättern transportiert und hier zum größten Teil verdunstet (bis zu 90% des aufgenommenen Wassers).

Wasser ist der Lebensmotor für unsere Bonsai.

Feine Haarwurzeln nehmen an ihren Spitzen das Wasser und die darin gelösten Nährsalze auf, leiten es an die dickeren Wurzeln weiter, und durch den Stamm gelangt das Wasser schließlich in die Blätter.

Diese Wasser- und Nährsalzaufnahme funktioniert aber nur, wenn das Erdvolumen zu mindestens 25% aus Wasser besteht. Unterhalb dieser Grenze reicht die Saugspannung der Wurzeln nicht aus, um Wasser aufzunehmen.

Daneben hält der Wasserdruck im Inneren der Zellen die Blätter gespannt. Man nennt diesen Wasserdruck Turgor. Der Turgor bewirkt auch das Strecken der Zellen beim Wachstum der Pflanzen.

Wir können also über das Wasser das Wachstum unserer Bonsai steuern.

Das richtige Gießen

Der Wasserbedarf der Bonsai hängt entscheidend von den vorherrschenden Temperaturen, dem Standort und der Jahreszeit ab. So kann es sein, daß an einem heißen Sommertag mehrmals gegossen werden muß. Kommt dann noch starker Wind dazu, und ist der Bonsai der vollen Sonnenstrahlung schutzlos ausgesetzt, wird das richtige Wässern zu einem Problem. Wir müssen bedenken, daß unsere Bonsai in häufig flachen Schalen nur relativ wenig Erde zur Verfügung haben, die das Wasser speichern können.

Lassen wir die Erde vollkommen trocken werden, sterben die feinen Haarwurzeln als erste ab. Die Folge ist eine ungenügende Wasserspannung in allen Pflanzenzellen. Die Blätter werden schlaff, hängen herab und werden schließlich abgeworfen. Viele Baumarten sind trotz sofortiger Wassergabe nicht mehr zu retten.

Auch bei feuchter Erde kann windig warmes Wetter für den Bonsai bedrohlich werden, wenn über die Blätter mehr Wasser verdunstet als aus der Erde aufgenommen werden kann – der Bonsai welkt. Ein Standortwechsel in den Halbschatten ist dann angezeigt.

Ein Zuviel an Wasser, also ständig nasse Erde, ist für den Bonsai ebenso schädlich wie Trockenheit.

Langanhaltende und starke Regenfälle spülen recht viele der Nährsalze aus dem Boden aus. Zusätzlich kann es zu einem sehr starken Vermatschen der Erde kommen. Um allen Problemen vorzubeugen, sollte man die Schale leicht schräg aufstellen. So kann das Regenwasser schneller abfließen, ohne dabei den Umweg durch das gesamte Erdreich nehmen zu müssen.

Nach mehr oder weniger kurzer Zeit sterben die Haarwurzeln ab und beginnen zu faulen. Für uns sichtbar vertrocknet der Bonsai langsam. Das hört sich paradox an, bekommt er doch offensichtlich genügend Wasser. Mit den abgestorbenen Wurzelspitzen kann der Bonsai jedoch kein Wasser aufnehmen.

Bleibt die Erde ungewöhnlich lange feucht, kann das auf einen Wurzelschaden hindeuten.

Außer dem Wasser benötigen die Wurzeln im allgemeinen und die feinen Haarwurzeln im besonderen zusätzlich Sauerstoff. Ist ständig zuviel Wasser im Erdreich, wird der Sauerstoff verdrängt, und die Wurzeln ersticken.

Bei Bedarf sollte am frühen Morgen gut gegossen werden, bei Notwendigkeit noch einmal am frühen Abend. Spät abends kann das Wässern für den Bonsai problematisch werden.

Das übersprühte Blattwerk kann vor der Nacht kaum noch abtrocknen. Feuchtigkeit bedeutet aber immer auch Kühle und führt bei niedrigen Nachttemperaturen leicht zum Kälteschock und damit zu Blattschäden.

Die Technik des Gießens ist denkbar einfach. Man sollte nur einige Regeln beachten.

Ein kräftiger Wasserstrahl mit großen Tropfen reißt große Löcher in die mühsam gepflegte Erdoberfläche. Daher sollte die Gießkanne eine Brause mit möglichst feinen Löchern haben. Für den nötigen Wasserdruck sorgt eine langhalsige Gießkanne (im Fachhandel erhältlich), wie sie auch in Japan verwendet wird.

Mit dem Gießen beginnt man neben der Schale. Erst wenn der Wasserstrahl gleichmäßig zerstäubt aus der Brause kommt, wird der Bonsai gewässert. Beim Beenden des Gießens geht man mit dem Wasserstrahl wieder neben die Schale und hebt die Gießkanne an.

Es wird mit dieser Vorgehensweise vermieden, daß die recht dicken Wassertropfen, die auch bei einer feinen Brause zu Beginn und zum Ende des Gießens herauskommen, Löcher in die Oberfläche reißen und zum Abspülen der Erde führen können.

Bei trockenem Wetter überbrausen wir den Bonsai mindestens ein- bis zweimal in der Woche als ganzes. Auch die Blattunterseiten sollten überbraust werden. Nur so können wir den Staub von den Blättern abwaschen. Niemals sollte aber in der prallen Mittagssonne überbraust werden. Kleine Wassertropfen auf den Blättern wirken wie Brenngläser und lassen den Blatteil verbrennen.

Bei allen Baumarten, deren Blätter zu einer Spitze auslaufen, sammeln sich hier die letzten Wasserreste und lassen die Blattspitzen braun werden.

Das geschieht vor allem bei Ahornen und Buchen. Stehen die Bäume nicht in der prallen Sonne, sind die Temperaturen aber sehr hoch, können wir zur Erhöhung der Luftfeuchtigkeit und damit zur Verhinderung von zuviel Wasserverdunstung übersprühen.

Sehr wasserhungrige Arten, wie zum Beispiel Weiden oder Pappeln, kann man auch auf Klötzchen über einem Wasserbassin aufstellen. Durch das aus dem Bassin verdunstende Wasser entsteht ein Kleinklima mit erhöhter Luftfeuchtigkeit und damit eingeschränkter Wasserverdunstung aus den Schalen.

Bei heißen, trockenen Sommern sollte man sehr wasserhungrige Bonsai über einem wassergefüllten Bassin aufstellen. Das Wasser sollte aber nicht die Wasserabzuglöcher in der Schale erreichen. Die Wasserverdunstung aus dem Bassin führt zu einer erhöhten Luftfeuchtigkeit und damit zu einer geringeren Wasserverdunstung durch die Bäume.

Steinpflanzungen sollten wegen des äußerst geringen Wurzelraumes in einem Gefäß mit Wasser aufgestellt sein.

Es ist in jedem Fall darauf zu achten, daß das Wasser bei normalen Bonsai in Schalen weder die Löcher der Schalen erreicht, noch die Bäume selbst im Wasser stehen.

Gefahr für Staunässe

Die meisten Pflanzen, die sterben, gehen nicht an zu wenig, sondern an zuviel Wasser ein.

Wir müssen immer darauf achten, daß die Schalenlöcher absolut frei sind. Eine glatte Stellfläche ist immer ein ungünstiger Standort.

Leicht bildet das aus den Löchern fließende, überschüssige Gießwasser eine Wasserblase und führt damit zu Staunässe. Wir müssen bedenken, daß die Wurzeln neben der Wasser- und Nährsalzaufnahme auch für die Sauerstoffaufnahme sorgen.

Wasser zwischen den Bodenteilchen verdrängt aber den Sauerstoff und die Pflanze erstickt genau wie wir, wenn man uns längere Zeit unter Wasser drückt.

Wir kontrollieren also grundsätzlich etwa eine halbe Stunde nach dem Gießen, ob das überschüssige Wasser gut abgelaufen ist. Dafür heben wir die Schale kurz an und nehmen die Unterlage in Augenschein.

Ein Lattenrost bietet für einen ungehinderten Wasserablauf immer noch die besten Voraussetzungen.

Manche Böden bieten von sich aus schon keine günstigen Bedingungen für eine gute Wasserversorgung.

Ist die Erde zu stark verdichtet, kann zwischen den Bodenteilchen nur sehr wenig Luft sein und damit eine schlechte Voraussetzung für gesundes Wurzelwachstum bieten. Eine stark verdichtete Erde sieht, wenn sie trocken ist, betonartig aus. Hier fließt das Gießwasser dann sehr schnell durch, ohne daß die Erde ausreichend feucht geworden ist.

Das gleiche gilt für torfhaltige Erden. Sind solche Böden einmal richtig trocken geworden, sollte von unten gewässert werden. Dazu stellt man die Schale in ein Wasserbecken und wartet, bis keine Luftblasen mehr aufsteigen. Dann nimmt man die Schale wieder aus dem Wasserbecken und läßt das überschüssige Wasser gut ablaufen.

Ich bevorzuge diese Methode, weil sie mit Sicherheit zu einer guten Bodenbefeuchtung führt.

Wasserschutzpolizei „Bubikopf"

Bei Zimmerbonsai benutze ich als Unterpflanzung den sogenannten „Bubikopf", der eine Art Wasserschutzpolizei darstellt. Läßt der Bubikopf seine Triebe hängen, wird es höchste Zeit fürs Gießen. Neigt er zum Vermatschen, ist über längere Zeit zu ausgiebig gewässert worden, und wir müssen die Wurzeln des Bonsai auf Wasserschäden hin untersuchen.

Gesunde Baumwurzeln haben weiße Spitzen, kranke Wurzeln sehen vermatscht aus. Der Wurzeltest zeigt, die feinen Wurzeln lassen sich ganz leicht abziehen. Solche kranken Wurzeln können kein Wasser aufnehmen und sollten als potentieller Fäulnisherd entfernt werden. Ist das Wurzelsystem zerstört, vertrocknet der oberirdische Teil des Baumes.

Der Bubikopf verträgt ohne weiteres einen Rückschnitt. Wir können ihn also regelmäßig wie eine Wiese schneiden und dadurch in seinem Wachstum begrenzen.

Moos ist schön und speichert Wasser

Zu einer gelungenen Gesamtkomposition „Bonsai" gehört auch eine schön gestaltete Erdoberfläche. Besonders reizvoll sieht bei allen Freilandbonsai ein schöner Moosteppich aus. Moos erzeugt mit seinem saftigen Grün den Eindruck von Lebenskraft.

Neben der optischen Wirkung hat das Moos natürlich auch eine biologische Funktion. Moos kann in seinen Blättern große Mengen Wasser speichern und dadurch den Boden länger feucht halten. Zum Teil treibt der Baum auf der Suche nach Wasser sogar seine Wurzeln in das Moospolster hinein.

Wie kann man ein Moospolster ansiedeln?

1. Wenn der Bonsai, vor allem im Sommer, den ganzen Tag leichtem Wind ausgesetzt ist, siedelt sich Moos meist von selbst an. Moos vermehrt sich mit Hilfe von trockenen und leichten Sporen. Der Wind trägt immer einige Sporen mit sich. Wenn die Sporen auf die feuchte Erdoberfläche fallen, keimen sie aus, und ein sogenanntes Vorpflänzchen bildet sich. Aus diesem wiederum wachsen die eigentlichen Moospflanzen heran. Im Laufe der Zeit hat sich also auf einer ständig feucht gehaltenen Erdoberfläche ein dichtes Moospolster gebildet.

2. Schauen wir uns ein Moospolster genauer an, fallen zu bestimmten Zeiten kleine Kapseln an einem Stiel auf. Hierbei handelt es sich um die Sporenkapseln. Sind die darin befindlichen Sporen reif, wird ein kleiner Deckel an der Oberseite abgesprengt, und die Sporen werden frei.

Wir sammeln also von Moosen, die an sonnigen Standorten wachsen, die reifen Kapseln und streuen sie auf ein Torf-Sand-Gemisch. Nun halten wir die Saatkiste ständig feucht. Nach einigen Wochen oder Monaten hat sich ein dichtes Moospolster gebildet, welches wir vorsichtig abheben und auf die Erdoberfläche der Bonsaischalen pflanzen können.

3. Die meisten Moosarten besitzen die Fähigkeit, aus Stengel- und Blattbruchstücken neue Moospflänzchen heranwachsen zu lassen. Wir sammeln Moos wiederum von sonnigen Standorten, zerkleinern es und streuen die Bruchstücke auf das Torf-Sand-Gemisch und verfahren dann genauso wie bei der Aussaat von Moos.

4. Für ganz Ungeduldige gibt es noch die Möglichkeit, Moospolster zu sammeln und auf die Erdoberfläche der Bonsai-Schalen zu legen. Hierbei bevorzugen wir niedrige Moospolster von sonnigen Standorten (Steine, Mauerritzen, Plattenfugen, usw.). Mit einem kleinen Spachtel heben wir ganz vorsichtig das Moospolster an und trennen es so flach wie möglich von seiner bisherigen Unterlage.

Zu Hause drücken wir die tropfnassen Moospolster ganz vorsichtig auf die feuchte Erdoberfläche der Bonsaischalen. Moos bildet keine echten Wurzeln aus, sondern nur kleine Haltefäden, entsprechend können wir dünne Polster gut auflegen. Danach wird das Moos gut gewässert und feucht gehalten.

Gießen – einmal fürs Moos und einmal für den Bonsai

Wenn wir einen dichten Moosteppich auf der Erdoberfläche der Bonsai-Schalen haben, müssen wir anders gießen als ohne Moos.

Das Moos nimmt über seine gesamte Körperoberfläche Wasser auf. Ist das Moos einmal sehr trocken geworden, ist es recht schwierig wieder feucht zu bekommen.

Die Blättchen der Moospflanzen haben sich nach oben gekrümmt. Wird nun gewässert, läuft zunächst viel Wasser über die Moospflänzchen hinweg, ohne ins Erdreich zu gelangen. Das wenige Wasser, welches nicht abgeflossen ist, reicht aber aus, um die Moospflanzen anzuregen, sich mit Wasser vollzusaugen.

Haben sie das getan, sind sie erst bereit, Wasser durch das Polster ins Erdreich eindringen zu lassen. Wir müssen also, nach einem ersten Gießen, ein zweites Mal wässern, diesmal für den Bonsai.

Lebermoos ist nicht erwünscht

Neben dem schönen erwünschten Polstermoos siedelt sich gern eine zweite, unerwünschte Moossorte an, das Lebermoos. Dieses Moos breitet seine fleischigen, dunkelgrün glänzenden Blätter langsam auf der gesamten Erdoberfläche aus. Wollen wir nun wässern, nimmt es selbst zwar Wasser auf, läßt aber alles weitere Wasser abperlen. So bekommt der Bonsai also sehr wenig Wasser mit. Am besten ist es, Lebermoos sofort bei Erscheinen zu entfernen.

Auf gleichmäßig feuchter Erde bildet sich bald ein dichtes Moospolster. Meist bildet das sich selbst ansiedelnde Moos keine einheitliche Fläche, sondern einzelne Moosinseln aus. Bei unseren Bonsai sieht entsprechend eine unebene Moosoberfläche auch viel natürlicher aus, als eine absolut ebene Moosauflage.
Die Schauwurzeln und der Wurzelhals sollten von Moos frei gehalten werden. Ebenso zeigt das Moos die Neigung, an starkborkigen Bäumen den Stamm hinaufzuwandern. Moos auf der Borke beeinträchtigt den Stoffwechsel des Stammes, da es die Atemzellen zusetzt und somit den Gasaustausch behindert.

Dünger – das tägliche Brot der Bäume

Pflanzen benötigen neben dem Wasser und dem Kohlendioxid für die Photosynthese noch viele andere Elemente für den Aufbau ihres Körpers und ihre Gesunderhaltung. Diese Nährelemente haben, ähnlich unseren Vitaminen, unterschiedliche Bedeutung für die Pflanzen.

Unter den Nährelementen finden wir drei Elemente, mit besonderer Bedeutung, die Hauptnährelemente Stickstoff (N), Phosphor (P) und Kalium (K). Die anderen Elemente werden zwar nur in geringeren Mengen benötigt, haben aber dennoch eine große Bedeutung für die Pflanze. Als Spurenelemente gelten Calcium (Ca), Magnesium (Mg), Schwefel (S), Eisen (Fe), Bor (B), Zink (Zn), Mangan (Mn), Molybdän (Mo), Kobald (Co) und Chlor (Cl).

Die Bedeutung der einzelnen Elemente

Stickstoff ist beteiligt am Aufbau von Eiweißen und Kernbasen. Als Enzyme sind verschiedene Eiweiße am Aufbau der Zellwände und somit am Gesamtwachstum der Pflanze beteiligt.

Stickstoff regt das Wachstum also in verschiedener Weise an. Da wir bei unseren Bonsai nur einen geringen Zuwachs wünschen, darf nicht zu viel Stickstoff gegeben werden. Völlig fehlen darf der Stickstoff aber nicht, da die Pflanze sonst vor sich hin kümmert und der wichtige Phosphorstoffwechsel beeinträchtigt wird.

Ein Stickstoff-Mangel zeigt sich immer zuerst an den älteren Blättern. Sie werden hellgelb und wirken insgesamt fahl.

Wird der Pflanze noch sehr spät im Jahr eine größere Menge Stickstoff geboten, wird das Wachstum zu lange angeregt, und es kommt nur zu einer schlechten Winteraushärtung. Bei Freilandbonsai ist bei niedrigen Wintertemperaturen ein Frostschaden zu erwarten.

Phosphor finden wir hauptsächlich in jungen, wachstumsaktiven Pflanzenteilen, also im Kambium, in den Wurzelspitzen, den Knospen, Blüten und Früchten. Phosphor regt das Wurzelspitzenwachstum an, sorgt für eine gute Ausreifung des Holzes und wirkt mit bei der Bildung von Laub- und Blütenknospen.

Entsprechend führt eine schlechte Phosphorversorgung zu schlechtem Wurzelwachstum, die Blühfähigkeit läßt nach, der Baum übersteht den Winter schlecht und im Frühjahr werden die Knospen nur sehr schwer austreiben.

Kalium arbeitet als Katalysator für andere Nährelemente, regelt den Stickstoffkreislauf in der Pflanze, hilft mit bei der Produktion und Verteilung von Zucker und Stärke und stabilisiert das Wurzelwachstum. Ein Bonsai mit Kaliummangel zeigt nur geringe Blüten- und Fruchtbildung und ist erheblich anfälliger gegen Krankheiten und Schädlinge. Insgesamt zeigt er schlaffe Blätter. Vor allem ältere Blätter werden vom Rand her braun, und die Blattränder sind nach unten gewellt. Tiefe Wintertemperaturen kann solch eine Pflanze nicht überstehen.

Spurenelemente benötigen die Bonsai in nur geringen Mengen. Bei ihrem Fehlen können wir jedoch deutliche Krankheitserscheinungen feststellen.

Der Säuregrad – pH-Wert –

Für eine gute Düngeraufnahme durch die Bonsai ist der Säuregrad (pH-Wert) des Bodens von entscheidender Bedeutung.

Der pH-Wert läßt sich recht leicht mit Hilfe von Teststreifen, die in jeder Apotheke erhältlich sind, überprüfen. Dazu wird ein wenig Erde aus der Bonsai-Schale in sehr wenig destilliertem Wasser aufgeschlämmt. Nachdem sich die Bodenteilchen wieder vom Wasser getrennt haben, halten wir einen Teststreifen in den wässrigen Überstand und vergleichen die Farbveränderung mit der Farbskala auf der Pakkung.

Die meisten Bäume bevorzugen einen fast neutralen oder ganz schwach sauren pH-Wert (pH 5,5–6,5). Lediglich einige Arten (Rhododendron, Azaleen und Kamelien) lieben einen saureren pH-Wert (4,5–5,5).

Nur innerhalb dieser pH-Wert-Grenzen können die Bäume die Nährelemente optimal aufnehmen. Ist der pH-Wert nach oben oder unten verschoben, werden bestimmte Salze vom Boden nicht freigegeben, und der Bonsai zeigt Hungererscheinungen, als wenn das entsprechende Element gar nicht vorhanden wäre.

Hat sich der pH-Wert infolge von starken Regenfällen verändert, müssen wir ihn wieder dem optimalen Wert annähern. Ist der Boden zu sauer (kleinerer Zahlenwert als angegeben), wird mit Kalkmilch gegossen.

Ist der Boden zu alkalisch (größerer Zahlenwert als angegeben), wird mit verdünntem Essig (2 Teelöffel auf ein Liter Wasser) gewässert. Die pH-Wert-Veränderung sollte möglichst schonend vorgenommen werden.

Ist der pH-Wert nach einer einmaligen Behandlung noch nicht richtig eingestellt, wird die Prozedur nach etwa einem Monat wiederholt. Also Vorsicht bei Radikalbehandlungen!

Düngermangel leicht erkannt

1. Symptome, die zuerst an älteren Blättern auftreten:

- rötliche Verfärbungen, anfangs dunkelgrün, später auch braun = Phosphormangel
- Blätter werden von der Spitze her gelblich-braun (nicht verwechseln mit Sonnenbrand) = Stickstoffmangel
- braune Blattränder sind nach unten gewellt, Blätter hängen schlaff herunter = Stickstoffmangel
- zwischen den Blattadern entstehen Aufhellungen, zum Schluß sind nur noch die Blattadern grün, die Blätter sehen insgesamt schmutziggelbbraun aus, Mangelblätter wirken steif und spröde = Magnesiummangel
- auf den Blättern bilden sich gelb-braune Flecken = Manganmangel

2. Symptome, die zuerst an jüngeren Blättern auftreten:

- junge Blätter sind völlig gelbgrün mit hellgelben Blattadern = Schwefelmangel
- junge Blätter sind gelb mit grünen Blattadern = Eisenmangel

Womit wird richtig gedüngt?

Pflanzen können die verschiedenen Nährelemente nur in Form von anorganischen Salzen zu sich nehmen. Die Salze werden im Wasser gelöst und gelangen so durch die Wurzeln in die Pflanze.

Dennoch gibt es grundsätzlich zwei Möglichkeiten, unsere Bonsai mit den notwendigen Nährelementen zu versorgen. Wir können eine Mischung der erforderlichen Salze in Form von handelsüblichen Düngerlösungen, wie wir sie als Blumendünger kennen, verwenden. Diese Salzlösungen werden natürlich direkt von der Pflanze aufgenommen. Wir sprechen daher von einer **Pflanzendüngung**.

Anorganische Dünger sollten nur in der halben vom Hersteller angegebenen Konzentration angewendet werden, da es sonst sehr leicht zu einer Überdüngung kommen kann.

Vor dem Düngen sollte der Bonsai gut gewässert werden. Erst dann wird mit der Düngerlösung gegossen; oder noch besser, man taucht den Bonsai in die Lösung. Dazu wird die Schale bis zum Rand in ein geeignetes Gefäß mit der Düngerlösung gestellt. Der Dünger sollte etwa 10 Minuten auf die Erde einwirken. Danach läßt man die überschüssige Lösung gut ablaufen.

Niemals sollte ein Bonsai mit trockener Erde gedüngt werden, da sonst die Wurzelspitzen verbrennen.

Besser ist es, unsere Bonsai mit organischem Dünger zu versorgen. Da die organischen Stoffe zunächst durch die im Boden lebenden Mikroorganismen zersetzt werden müssen, sprechen wir hier von einem **Bodendünger**. Die Mikroorganismen verdauen die organischen Stoffe zunächst und geben dann die Nährelemente als Stoffwechselprodukte in Form von Salzen an den Boden ab. So werden die Bäume langsam im biologischen Rhythmus mit den verschiedenen Stoffen versorgt. Nach etwa 4 Wochen stehen in einem gesunden Boden die Nährstoffe dem Baum zur Verfügung. Eine Überdüngung ist hier nur schwer möglich.

Organische Dünger-Sorten

Der Fachhandel bietet verschiedene „Bonsai-Dünger" an. Im wesentlichen unterscheiden sich die fertigen organischen Bonsai-Dünger lediglich in ihrer Darreichungsform. Die grundsätzliche Zusammensetzung ist bei allen Sorten etwa gleich.

Diese klassischen japanischen Bonsai-Dünger setzen sich aus einem Gemenge unterschiedlicher tierischer und pflanzlicher Ausgangsmaterialien zusammen: Knochenmehl, Hornspäne, Blutmehl, Fischmehl, Rapsschrot und Holzasche.

Knochenmehle gewinnt man aus zerkleinerten, entfetteten und gereinigten Knochen vom Schlachthof. Feingemahlen, haben wir dann einen organischen NP-Dünger.

Entleimten Knochenmehlen wurden Eiweiße entzogen, entsprechend haben wir keinen N-Anteil. In dem verbliebenen Calciumphosphat haben wir einen hervorragenden P-Dünger.

Hornspäne gewinnt man aus zerkleinertem tierischen Hornmaterial. Sie ergeben einen langsam wirkenden N-Dünger.

Blutmehl und **Fischmehl** haben einen hohen Eiweiß- und Spurenelementgehalt. Der N-Anteil (14% N) ist hier langsam wirkend.

Rapsschrot bietet durch seinen hohen Kohlenhydrat- und Fettanteil eine gute Ernährungsgrundlage für die im Boden lebenden Mikroorganismen.

Holzasche gilt wegen seines Gehaltes an Spurenelementen als idealer Düngerzusatz.

Die Gemenge werden sowohl in Pulverform als auch in gepreßter Form als Kugeln angeboten.

In vielen Fällen erscheint, nachdem der organische Dünger aufgelegt wurde, Schimmel auf dem Dünger. Das ist eine ganz normale Erscheinung und deutet nur darauf hin, daß zunächst Schimmelpilze den organischen Dünger zersetzen.

Wenn Sie Bonsai-Dünger in Kugelform benutzen, legen nicht selten Fliegen ihre Eier in den Dünger. Die daraus schlüpfenden Maden sind nicht schädlich für den Bonsai oder die Qualität des Düngers. Nach einiger Zeit haben sich die Maden verpuppt und es schlüpfen fertige Fliegen, die den Kreislauf neu beginnen lassen. Sicher ist der Anblick von Maden nicht jedermanns Sache. Wer sich vor den Tieren ekelt, sollte besser auf andere Dünger ausweichen.

Die richtige Dosierung

Vom Pulverdünger nehmen wir ca. 1 Teelöffel pro 100 cm^2 Erdoberfläche.

Wird Kugeldünger genommen, dosiert man ebenfalls nach der Schalengröße:

Kleine Schalen bis 150 cm^2 ca. 1 Kugel
Mittlere Schalen bis 300 cm^2 ca. 2 Kugeln
Große Schalen bis 1200 cm^2 ca. 4 Kugeln
noch größere Schalen entsprechend mehr.

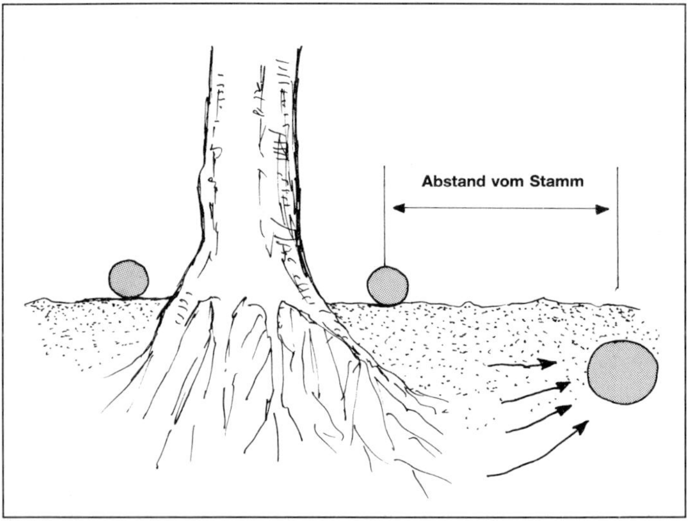

Düngerkugeln werden in der Nähe der feinen Saugwurzeln aufgelegt.

Der organische Dünger wird in dem Bereich der Wurzelspitzen aufgelegt, meist also ziemlich genau zwischen Stammansatz und Schalenrand. Von den Wurzelspitzen wird der Dünger zusammen mit dem Wasser besonders effektiv aufgenommen. Nach einiger Zeit hat sich, unabhängig von der Wassermenge und der Bodentemperatur, der Dünger vollständig aufgelöst (beim Pulverdünger bleiben manchmal einige größere Stücke unumgesetzt). Entsprechend legen wir an anderer Stelle neuen Dünger auf. Es ist wichtig, daß alle Pflanzenteile gleichmäßig mit Nährstoffen versorgt werden.

Eine unerfreuliche Nebenwirkung hat aber auch der organische Dünger. Hat sich auf der Erdoberfläche ein schönes, dichtes Moospolster gebildet, wird es im Bereich des aufgelegten Düngers leicht braun. Nach einiger Zeit hat sich das Moos allerdings wieder neu gebildet.

Wann wird mit welcher Konzentration gedüngt?

Beim Düngen müssen wir Unterschiede zwischen den drei verschiedenen Bonsai-Sorten machen.

Zimmerbonsai haben keine ausgesprochene Wachstumsruhe und bekommen daher das ganze Jahr über etwa gleichmäßig viel Dünger. Entweder legen wir das ganze Jahr über neue Düngerkugeln auf oder streuen immer wieder organischen Pulverdünger nach, sobald der Dünger sich verbraucht hat.

Wird mit mineralischem Flüssigdünger gearbeitet, setzen wir alle 2 Wochen Dünger dem Gießwasser zu.

Halbzimmer-Bonsai haben je nach Überwinterungsart eine ausgeprägte Winterruhe. Wird kühl überwintert, werfen viele der Bäume im Herbst ihr Laub ab. Entsprechend wird im Winter nicht gedüngt.

Bei wärmerer Überwinterung kommt es nicht zu einer Winterruhe, die Bäume behalten ihr Laub und sind weiterhin voll aktiv. Bei solchen Bonsai geben wir im Winter alle 4 Wochen Flüssigdünger. Im Sommer düngen wir wie bei den Zimmer- oder Freiland-Bonsai.

Die Freilandbonsai durchleben im Laufe eines Jahres einen deutlichen Jahreszeitenwechsel, wir düngen also den Jahreszeiten entsprechend.

Im Frühjahr ist der Bedarf an Nährstoffen recht hoch, entsprechend beginnen wir im Frühjahr mit einer Grunddüngung mit einem flüssigen NPK-Dünger, nachdem sich die Knospen geöffnet haben.

Danach und im Sommer können wir die Bäume alternativ mit mineralischem Flüssigdünger oder organischem Dünger versorgen. Wird flüssig gedüngt, geben wir alle 4 Wochen zusammen mit dem Gießwasser die

Nährsalze in die Erde. Zum Herbst hin sollte der Dünger stickstoffarm, aber phosphat- und kaliumreich sein. Die Bonsai haben nun die Möglichkeit, sich optimal auf den Winter vorzubereiten, sie härten aus.

Im Winter (September bis März) wird gar nicht gedüngt.

Besonderheiten

Blühende Bonsai werden vor der Blüte nicht gedüngt. Erst nach der Blüte arbeiten wir mit einem phosphat- und kaliumbetonten Dünger. Im nächsten Jahr sehen wir den Erfolg mit einer großen Blütenpracht.

Nach dem Umtopfen wird für etwa 6 Wochen nicht gedüngt. Sobald sich die Wurzeln wieder erholt haben, beginnen wir langsam mit dem Düngen. Hier sollte wegen der Verzögerung die erste Düngung mit organischem Dünger vorgenommen werden.

Während Laubbäume etwa die halbe übliche Konzentration eines normalen mineralischen Flüssigdüngers bekommen, geben wir Nadelbäumen nur ein Viertel der Normalkonzentration.

Kränkelnden Bonsai können wir mit ORUS-Pflanzenaktiv (aus dem Gartencenter) wieder auf die Beine helfen. Ich habe mit diesem Gießwasserzusatz die besten Erfahrungen gemacht.

Der mineralische Flüssigdünger birgt aber auch einige Gefahren: Leicht hat man sich in der Konzentration verschätzt und überdüngt. Die Folgen sind Düngerschäden, die sich durch vorzeitiges Abtrocknen der Blattränder, der Blätter, bis hin zum Vertrocknen ganzer Astpartien bemerkbar machen kann. Der erhöhte Salzgehalt des Bodens entzieht den Wurzeln Wasser und führt so zu Wurzelschäden und letztlich damit zur Schädigung des ganzen Baumes. Wir geben vom mineralischen Dünger besser etwas weniger, als zu viel.

Wurzeln arbeiten im Dunkeln

Wasser ist das universelle Transportmedium im Innern der Pflanzen. Im Wasser gelöst, werden die Nährsalze, die wir als Dünger der Erde zugesetzt haben, in alle Pflanzenteile transportiert. Ebenso wird der in den Blättern produzierte Zucker auf dem umgekehrten Wege, in Wasser gelöst, bis zu den Wurzeln gebracht.

Die Wurzeln entnehmen dem Boden das notwendige Wasser und stellen es über den Stamm dem ganzen Baum zur Verfügung. Neben der Wasseraufnahme leisten sie die Verankerung im Boden und die Einspeicherung von Stärke für den Austrieb im nächsten Frühjahr.

Hier wird deutlich, daß die Pflanze nur dann gesund sein kann, wenn ein ausgewogenes Verhältnis, d. h. annähernd gleiches Verhältnis zwischen Wurzelmasse und der Blattmasse, besteht. Der Wurzelballen stellt mit seinen vielen Verzweigungen quasi ein Spiegelbild des oberirdischen Kronenbereichs des Baumes dar.

Das Wachstum geht von der Spitze aus

Wenn eine junge Wurzel auf der Suche nach Wasser und Nährsalzen durch den Boden wächst, nimmt sie zunächst diese lebenswichtigen Stoffe auf. Das Wachstum der Wurzeln geht immer von den feinen Spitzen der Hauptwurzeln und ihren vielen Verzweigungen aus.

Hier an der Spitze sitzt die Wachstumszone der Wurzel, der sogenannte Vegetationskegel. Damit der Vegetationskegel beim Durchtreiben zwischen den Bodenteilchen nicht verletzt oder gar zerstört wird, ist er von der Wurzelhaube umschlossen. Die Zellen der Haube lösen sich nach und nach auf und verschleimen dadurch. Der Schleimfilm läßt den Vegetationskegel nun ungehindert zwischen den Bodenteilchen durchgleiten.

Die Wasseraufnahme durch die Wurzeln

Mit den Zellen der Wurzelhaut direkt hinter dem Vegetationskegel, wird aus dem Boden das Wasser aufgenommen. Der Kontakt zwischen Bodenwasser und Wurzel erfolgt nur an der Wurzelhautoberfläche. Je größer nun diese Oberfläche ist, umso effektiver kann das Wasser aufgenommen werden. Hierfür hat die Natur im Laufe der Entwicklungsgeschichte eine besondere Bildung hervorgebracht, die Wurzelhaare.

Mit haarfeinen Ausstülpungen der Zellwände erhöhen die Wurzelhautzellen ihre Oberfläche und damit die Wasseraufnahmekapazität. Leider leben die Wurzelhaare nur maximal 2 Wochen. Es können also nur wenige Zentimeter Wurzelspitze Wasser aufnehmen, was die Wurzel immer weiter zum Wachsen anregt.

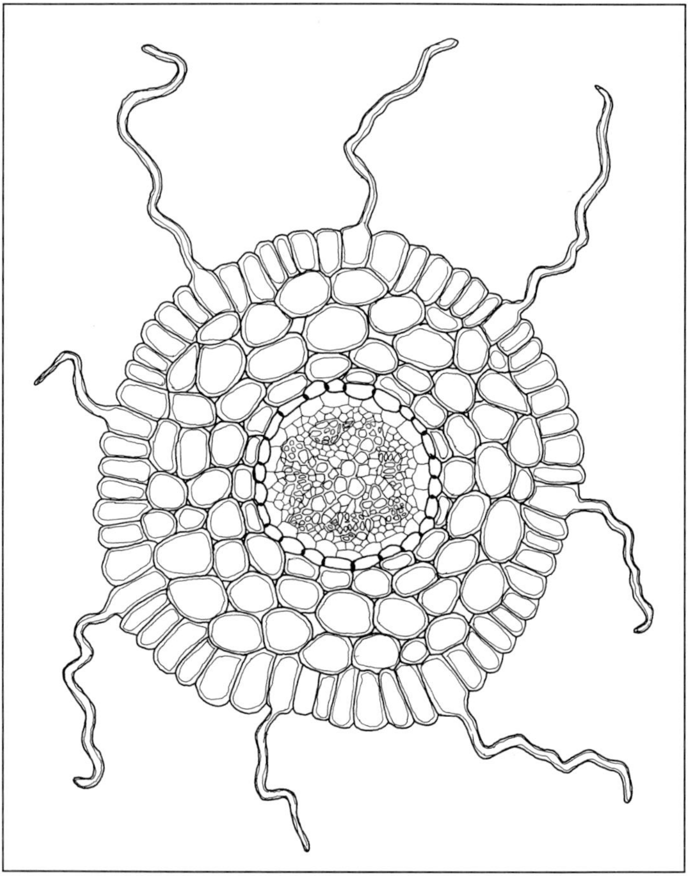

Mit haarfeinen Ausstülpungen der Wurzelhautzellen wird die wasseraufnehmende Wurzeloberfläche vergrößert.

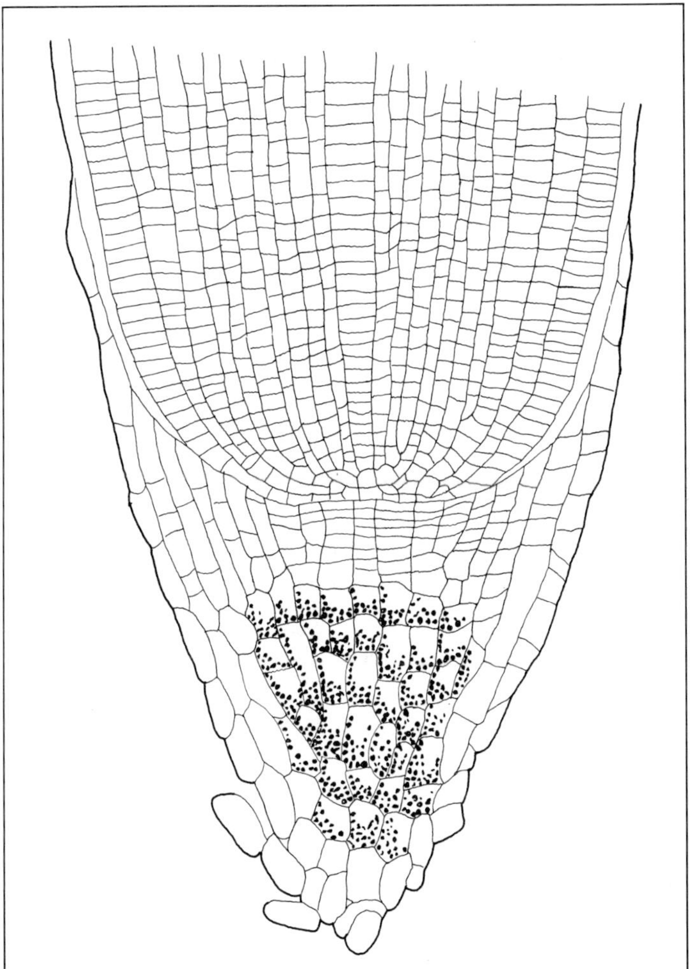

Die Wurzelspitze ist von einer Haube überzogen, deren Zellen verschleimen und dadurch das Durchdringen zwischen den Bodenteilen erleichtern.

Weiße Wurzelspitzen bedeuten Gesundheit

Der ganze Bereich der aktiven Wurzelspitze ist weiß und somit deutlich heller als der Rest des Wurzelsystems. Finden wir bei einem Bonsai in der Wachstumszeit keine weißen Wurzelspitzen, so ist das Wurzelsystem krank, es kann kein Wasser aufnehmen, und der Bonsai vertrocknet langsam.

In den meisten Fällen ist Staunässe der Grund für das Absterben der Wurzelspitzen. Man muß bedenken, daß die Wurzeln neben dem Wasser auch Luft für ihren Stoffwechsel brauchen. Kann nach dem Wässern überschüssiges Gießwasser nicht abfließen, kommt es nicht zur Ausbildung von Luftblasen im Boden und die Pflanze erstickt.

Die tote Wurzelspitze ist braun-schwarz und fühlt sich matschig an. Ein unangenehmer Geruch nach Fäulnis ist häufig feststellbar. Zieht man an solchen toten Wurzelbereichen, lassen sie sich leicht abziehen, wobei meist ein „Faden“ in der Mitte zurückbleibt.

Haben wir also Staunässe diagnostiziert, müssen wir sofort alle toten und kranken Wurzeln entfernen, um ein Übergreifen der Fäulnis auf noch gesunde Wurzelbereiche zu verhindern. Dazu lockern wir den Wurzelballen wie beim Umtopfen und schneiden bis in den gesunden Wurzelbereich zurück.

Nun setzen wir den Bonsai in düngerfreie, neue Erde und stellen ihn schattig und windgeschützt auf. Häufig verzweigt sich das Wurzelsystem neu aus „schlafenden“ Wurzelaugen. Sobald oberirdisch neues Wachstum einsetzt, ist der Bonsai über den Berg und kann wieder langsam an seinen vorherigen Standplatz gewöhnt werden.

Dicke Wurzeln verankern den Baum im Boden

Die älteren und damit auch dickeren Wurzeln können kein Wasser aufnehmen, sie schützen sich sogar durch die Ausbildung einer Rinde gegen Wasserabgabe, was sie dunkler werden läßt.

Die dicken Wurzeln sollen den Baum fest im Boden verankern und das von den Wurzelspitzen aufgenommene Wasser weiter zum Stamm transportieren. Gleichzeitig werden solche Wurzeln als Stärkespeicher von der Pflanze genutzt, damit sie im nächsten Frühjahr wieder neu austreiben kann.

Besonders schön wird die Erdverbundenheit des Baumes durch einen gut und kräftig ausgebildeten Wurzelhals gezeigt. Wir arbeiten diesen Bereich also besonders schön heraus.

Ein Bonsai von hoher Qualität zeichnet sich in der Regel auch durch einen gut ausgeprägten Wurzelhals aus.

Mykorrhiza – eine Gemeinschaft fürs Leben

Pilze sind im Gegensatz zu allen grünen Pflanzen nicht in der Lage, aus anorganischen Stoffen mit Hilfe des Sonnenlichts organische Stoffe zu produzieren. Sie sind somit, wie wir oder die Tiere, auf andere Bezugsquellen für organische Stoffe angewiesen.

Als Schimmelpilze erschließen sie sich durch Zersetzung von anderen Körpern die notwendigen Nährstoffe. Ebenso verfahren alle parasitären Pilze, sie befallen lebende Organismen und ernähren sich durch Zersetzung von lebendem Gewebe. Der Mehltau oder der Hallimasch sind hier zwei Beispiele.

Daneben gibt es Pilze, die mit grünen Pflanzen eine Zweckgemeinschaft zum gegenseitigen Nutzen eingehen – die Mykorrhizapilze.

Diese Pilze bilden im Boden ein weitverzweigtes Netz aus feinsten, weißen Pilzfäden. Diese Pilzfäden umspinnen die Wurzeln der Bäume und gehen mit teilweise meterlangen Ausläufern tief ins Erdreich hinein.

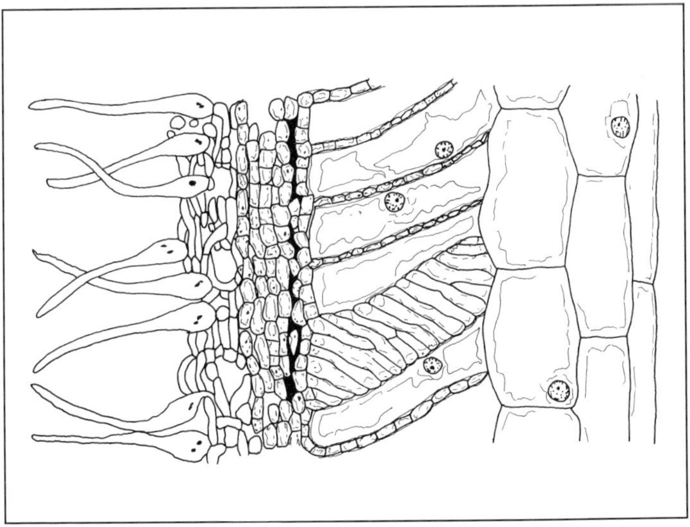

Der Mykorrhiza-Pilz ist mit den Zellen der Wurzelhaut eine feste Verbindung eingegangen. Er versorgt den Baum mit zusätzlichem Wasser und Nährsalzen.

Hier nehmen sie große Mengen von Wasser und Nährsalzen auf, mehr als sie selbst brauchen können.

Der Überschuß an Wasser wird an die Wurzeln des Baumes abgegeben, wodurch dieser viel weniger feine Wurzelverzweigungen bilden muß. Für diesen Dienst erhalten die Pilze von dem Baum Photosyntheseprodukte wie Zucker und Stärke, was wiederum ihm hilft. Pilz und Baum bilden so eine sogenannte Symbiose, eine Lebensgemeinschaft, die beiden dient.

Viele der bei uns heimischen Bäume gehen mit bestimmten Pilzen eine Symbiose ein. Besonders für die verschiedenen Kiefernarten ist das Vorhandensein von Mykorrhizapilzen lebensnotwendig. Fehlen diese Pilze, kümmert der Baum zumindest vor sich hin, weil allen Kiefern die Fähigkeit fehlt, Wurzelhaare auszubilden.

Die Mykorrhiza erkennt man an dem festen, weißen „Pelz", der gerade die Zone der Wurzelspitzen dicht überzieht. Zusätzlich verströmt die Mykorrhiza einen frischen Geruch nach Waldpilzen.

Durch Staunässe kann eine vorhandene Mykorrhiza zerstört werden. In solch einem Fall wird der Bonsai zunächst genauso behandelt, wie bei Staunässe auch sonst üblich. Zusätzlich wird der neuen Erde eine Handvoll pilzhaltiger Erde aus einer anderen Bonsaischale zugesetzt. Wenn sich die Wurzeln des Baumes erholen, umkleiden die Pilzfäden aus der „geimpften" Erde wieder die Wurzeln. Ebenso wird die Erde beim ganz normalen Umtopfen mit etwas alter Erde vermengt und so mit Pilzfäden geimpft.

Umtopfen sorgt für neuen Wurzelraum

Das Leben in zum Teil recht flachen und kleinen Schalen bringt für einen Bonsai eine Reihe von Problemen mit sich. Durch die Schale ist der zur Verfügung stehende Wurzelraum begrenzt. Da aber die Bäume nur über die Wurzelspitzen Wasser und Nährsalze aufnehmen, müssen diese ständig wachsen können. Wachstum ist aber nur da möglich, wo auch Platz vorhanden ist.

Irgendwann ist auch die größte Schale vollkommen mit Wurzeln ausgefüllt und die Erde ausgelaugt. Die Wurzeln suchen nach neuem Platz für Wachstum, dringen durch die Wasserabzugslöcher nach außen, heben den Baum in seiner Schale an. Der Baum wird sein oberirdisches Wachstum verlangsamen oder sogar einstellen. Damit ist der Zeitpunkt gekommen, für neuen Wurzelraum zu sorgen. Wir müssen umtopfen.

Bei normalen Zimmerpflanzen nimmt man nun die nächste Topfgröße, ohne den Wurzelballen dabei anzutasten. Auf diese Weise bekommen die Pflanzen von Umtopfen zu Umtopfen mehr Wurzelraum zur Verfügung gestellt und werden dadurch im oberirdischen Bereich immer größer. Wollen wir aber wie bei unseren Bonsai das oberirdische Wachstum begrenzen, muß zunächst das unterirdische Wachstum eingeschränkt werden, ein Wurzelschnitt ist erforderlich.

Zwei Funktionen hat der Wurzelschnitt:

1. er soll neuen Wurzelraum für gesundes Wachstum schaffen
2. er soll den Wurzelballen für genügend Standfestigkeit kompakt halten.

Der richtige Zeitraum für einen Wurzelschnitt

Die Wahl des richtigen Zeitraums für den Wurzelschnitt ist für die Gesundheit unserer Bonsai ganz besonders wichtig.

Prinzipiell stehen zwei Zeiträume zur Verfügung, der Herbst und das zeitige Frühjahr.

Der Herbsttermin liegt etwa Ende August bis Anfang September. In dieser Zeit hat das oberirdische Wachstum der meisten Bäume geendet und die Vorbereitung auf den Winter begonnen. Dennoch hat der Baum die Gelegenheit, seinen verletzten Wurzelballen wieder zum Teil zu stabilisieren.

In vielen Fällen wird aber der Wurzelschnitt das oberirdische Wachstum noch einmal anregen und eine optimale Winteraushärtung verhindern. Entsprechend sollte dieser Zeitraum nur für sehr schnellwüchsige Bäume, wie Weide oder Tamariske, oder Bäume, die eine frostfreie Überwinterung bekommen, gewählt werden.

Zimmerbonsai können auf jeden Fall jetzt umgepflanzt werden.

Der beste Zeitraum für einen Wurzelschnitt bei allen anderen Bonsai ist das zeitige Frühjahr. Jetzt steht den Bäumen zur Stabilisierung eine ganze Wachstumsperiode zur Verfügung, die eingespeicherten Zucker und die Stärke sind aktiviert und der Baum insgesamt kräftiger. Gleichzeitig können wir überprüfen, wie der Wurzelballen den Winter überstanden hat und gegebenenfalls rechtzeitig die Sanierung eines geschädigten Wurzelballens vornehmen.

Bei Laubbäumen ist der richtige Zeitpunkt meist recht einfach zu bestimmen. Hier warten wir, bis die Knospen leicht anzuschwellen beginnen. Rühren sich die Knospen noch nicht, ist der Zeitpunkt zu früh; haben sich die Knospen schon geöffnet, so ist der richtige Zeitpunkt verpaßt.

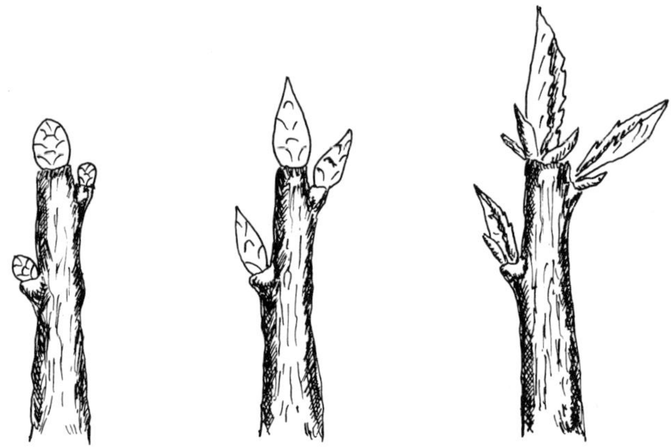

Der Entwicklungsstand der Knospen zeigt uns den richtigen Zeitpunkt für den Wurzelschnitt.

Das Anschwellen der Knospen zeigt an, daß der Saftstrom innerhalb des Baumes langsam wieder einsetzt. Nun sind die in den Wurzeln gelagerten Speicherstoffe aktiviert und dem Baum wieder zugeführt worden. Wir laufen also nicht Gefahr, dem Baum zuviel an Kraft zu nehmen, wenn wir einen Teil der Wurzeln entfernen.

Bei Nadelgehölzen warten wir ebenfalls bis der Baum Anzeichen zeigt, daß der Austrieb bevorsteht. Bei Kiefern und Igelwacholdern beginnen die Knospen anzuschwellen. Der chinesische Wacholder bekommt einen hellgrünen Schimmer an den äußeren Triebspitzen.

Bei allen Blütengehölzen, die ihre Blüten vor den Blättern entfalten, warten wir mit dem Wurzelschnitt bis nach der Blüte (z. B. Apfel, Cotoneaster, Kirsche).

Eine Ausnahme bilden die Blütengehölze, die ihre Blüten erst nach den Blättern entfalten (z. B. Liguster, Spirea, Hartriegel und falscher Jasmin). Bei diesen Arten verfahren wir genauso, wie bei den anderen Laubgehölzen.

Die Technik des Umtopfens

Zunächst überprüft man, ob eventuell Haltedrähte den Baum in der Schale fixieren. Mit der Drahtzange werden diese Drähte durchgekniffen und entfernt.

Nun versuchen wir vorsichtig, ob sich der ganze Wurzelballen aus der Schale heben läßt, indem wir den Stamm möglichst weit unten mit der einen Hand umfassen, während wir mit der anderen Hand die Schale festhalten.

Manchmal sitzt der Ballen, vor allem bei Schalen mit nach innen gebogenem Rand, so fest, daß zunächst der Ballen vom Schalenrand abgetrennt werden muß. Dazu nehmen wir ein möglichst scharfes Messer oder ein gebogenes Spezialmesser aus dem Fachhandel und schneiden den Ballen vom Schalenrand frei.

Mit einer Wurzelkralle wird nun der Ballen vorsichtig von außen her gelockert. Dabei hängen bald lange Wurzelbärte herunter. Diese Bärte entstehen, wenn die Wurzelspitzen an den Schalenrand stoßen und dann weitgehend unverzweigt am Schalenrand entlang immer im Kreis wachsen. Da aber ein kompakter Wurzelballen angestrebt wird, kürzen wir die Wurzelbärte stark ein.

Mit einem an der Spitze abgerundeten Holzstäbchen wird die alte Erde gelockert.

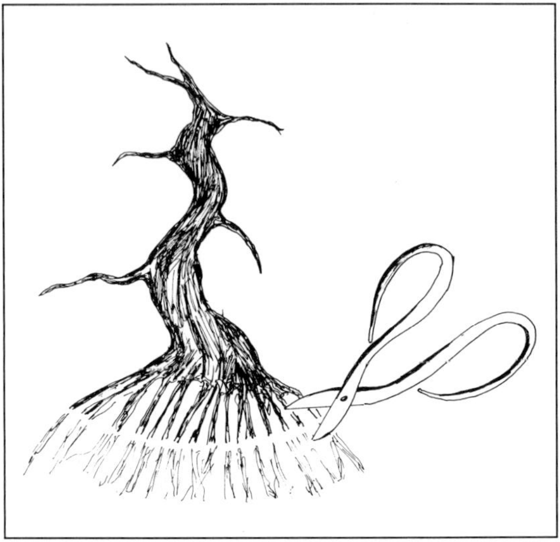

Beim Wurzelschnitt wird etwa ⅓ der Gesamtwurzelmasse abgeschnitten.

Ziel des Wurzelschnitts ist, die Gesamtwurzelmasse um etwa ⅓, höchstens aber um die Hälfte zu verringern. Die Wurzelbärte können also getrost stark beschnitten werden.

Nun lockern wir den Wurzelballen an der Unterseite. Da der Bonsai in der Regel wieder in dieselbe Schale zurückgepflanzt wird, müssen wir auch hier durch den Schnitt neuen Wurzelraum schaffen.

Damit sich der Wurzelhals weiter gut entwickeln kann, schneiden wir von außen her spitz zulaufende Keile in den Restballen ein. Diese Keile sollten aber nicht zu tief in den Restballen hineinreichen.

Ist der Wurzelansatz zwar vorhanden, aber bisher nur mangelhaft herausgearbeitet worden, legen wir den Stammfuß auch etwas frei.

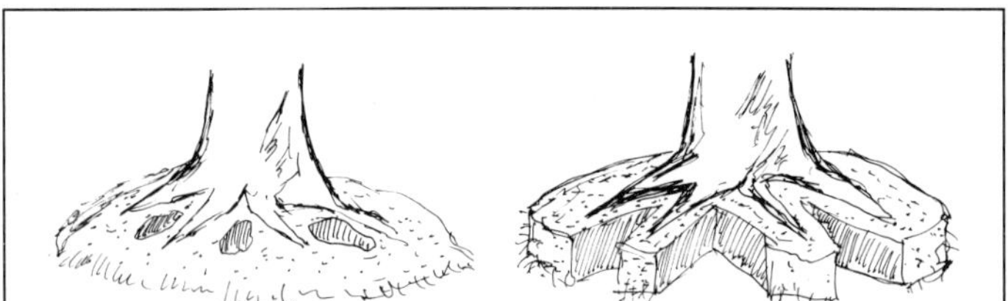

Die Schale wird vorbereitet

Wird die alte Schale erneut verwendet, sollte diese gründlich gereinigt werden. Dazu sollte man auf keinen Fall irgendein Reinigungsmittel verwenden. In der Regel reicht ein gründliches Ausspülen der Schale. Wurde der Baum wegen Staunässe umgepflanzt, sollte man die Schale mit möglichst heißem Wasser durchspülen, da nur so Schimmelpilze abgetötet werden.

Damit die Erde nicht durch die Abzuglöcher weggespült werden kann, befestigen wir über den Löchern kleine Kunststoffnetze oder Fliegendraht. Mit Drahtschlaufen werden die Netze über den Löchern fixiert.

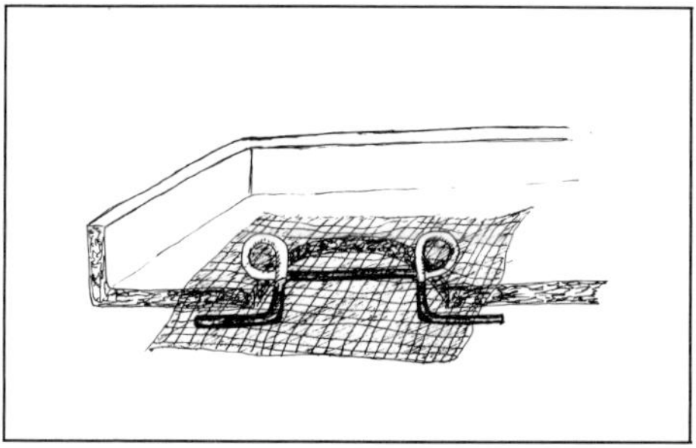

Mit Drahtschlaufen werden Netze über den Wasserabzuglöchern befestigt.

Zur Befestigung des Baumes in der Schale ziehen wir durch die Löcher einen dünnen Draht. Dieser Draht wird später über den Ballen gelegt und die Enden straff miteinander verquirlt.

Bei einer Schale mit mehr als 5 cm Tiefe geben wir nun eine dünne Schicht groberer Erde als Drainageschicht. Vor allem über den Abzuglöchern sollte eine gute Drainage gewährleistet sein.

Zur Probe geben wir den Baum in die Schale, um zu überprüfen, wie hoch der Ballen reichen wird. Der Wurzelhals sollte, von der Seite betrachtet, über den Schalenrand hinausreichen. Reicht die Höhe noch nicht aus, legen wir eine entsprechende Schicht Pflanzerde auf. Mit leichtem Hin- und Herdrehen auf dem Hügel drücken wir den Baum in die Schale. So wird sichergestellt, daß auch unter dem Wurzelballen kein Hohlraum entsteht.

Hat der Baum seinen endgültigen Standplatz erhalten – von der Seite her wird auf die richtige Optik geachtet – legen wir die Fixierungsdrähte über den Wurzelballen und verdrehen die Enden miteinander möglichst stramm. Wir sollten nun die Schale am Baum hängend hochheben können.

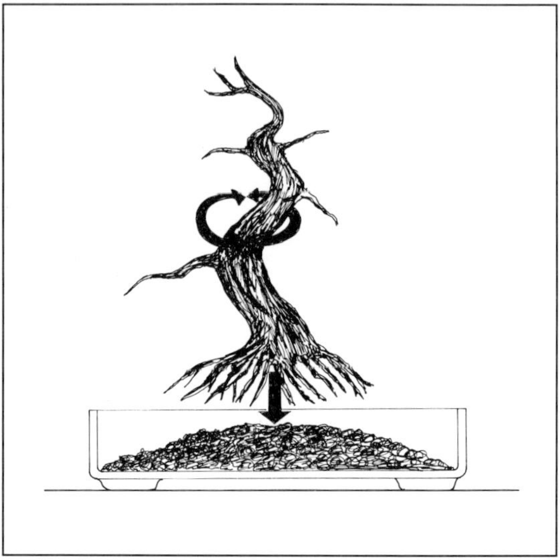

Auf einen Erdhügel setzen wir mit drehenden Bewegungen den Baum.

Die Pflanzenerde wird mit einem Holzstäbchen in die Wurzelzwischenräume gestochert.

Zum Schluß wird so lange gegossen, bis überschüssiges Wasser durch die Abzuglöcher abzufließen beginnt.

Alle Zwischenräume werden gut mit Pflanzerde aufgefüllt. Da nur die Wurzelbereiche wirklich ihre Aufgabe erfüllen können, die direkten Kontakt zur Erde haben, wird mit einem an der Spitze abgerundeten Stöckchen (z. B. Eßstäbchen) die Erde in die Wurzelzwischenräume gestochert. Natürlich hat man den größten Erfolg mit einer möglichst trockenen und vor allem körnigen Erde.

Die Erde wird zum Schluß am Rand gut angedrückt und mit einem kleinen Besen glattgestrichen. Zur Dekoration kann als Abschluß eine dünne Schicht feiner Erde aufgestreut werden.

Nachdem der Baum durchdringend gewässert wurde, bekommt er einen windgeschützten und halbschattigen Standplatz. Für etwa 6 Wochen sollte der Baum nicht gedüngt werden, weil sonst die sich neu bildenden Wurzeln Schaden nehmen und somit der Erfolg der Umtopfaktion gefährdet würde.

Sobald der Baum einen guten oberirdischen Zuwachs gezeigt hat, kann er langsam an seinen vorgesehenen Standort, der vielleicht recht sonnig ist (siehe auch spezielle Pflege einzelner Bonsai) gewöhnt werden. Nach einer 6-Wochenfrist kann mit dem Düngen begonnen werden.

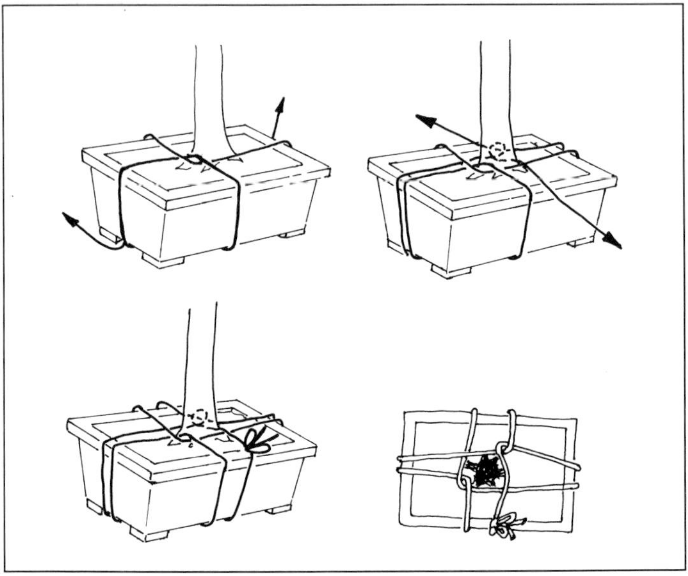

Wenn der Wurzelballen noch nicht kompakt genug ist, müssen wir den Baum durch ein Seil an der Schale festbinden.

Ein Wald wird umgetopft

Ein Wald wird als ganzes wie ein Einzelbaum umgepflanzt. Wir trennen die Bäume des Waldes also nicht voneinander.

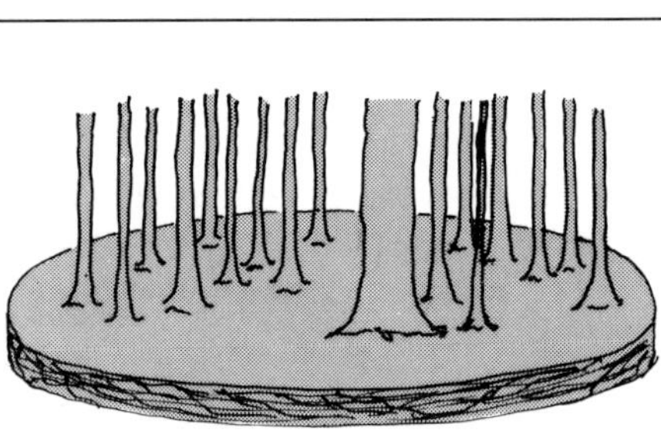

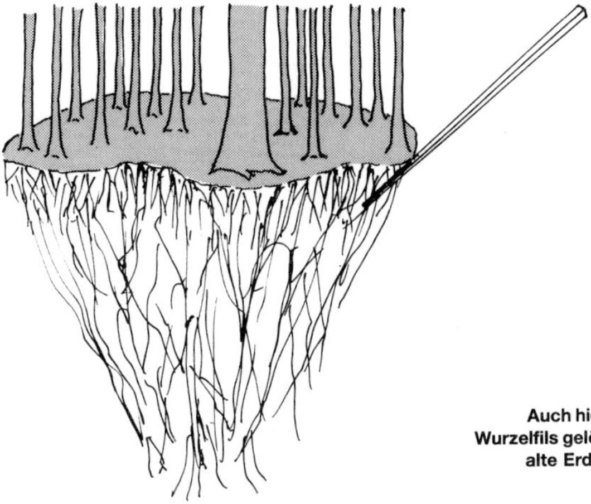

Auch hier wird der Wurzelfils gelöst und die alte Erde entfernt.

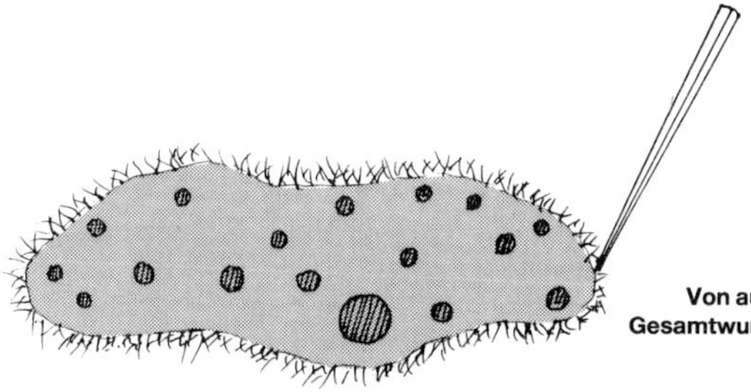

Von außen wird der Gesamtwurzelballen beschnitten.

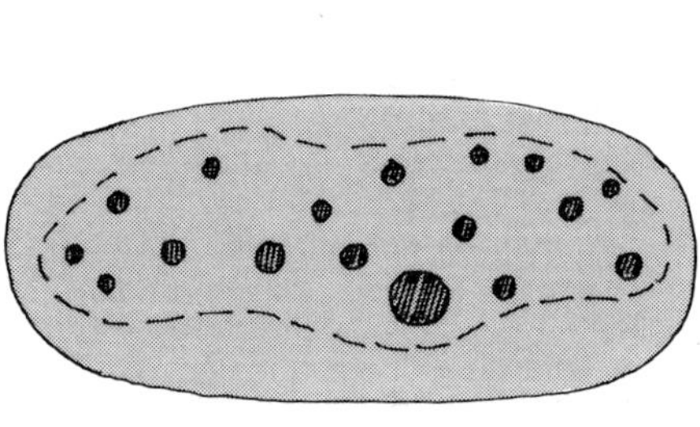

Mit neuer Erde wird die Schale nun wieder aufgefüllt.

Wie oft soll umgetopft werden?

Es ist nicht immer leicht, den richtigen Umtopfrhythmus zu finden. Einerseits wollen die Bäume nicht in zu kurzen Zeitabständen in ihrer inneren Stabilität gestört werden, andererseits fordert aber ein dürftiger gewordenes Wachstum ein Umtopfen als Verjüngung.

Grundsätzlich müssen jüngere Bäume häufiger als alte Bäume, schnellwüchsige in kürzeren Zeitabständen als langsamwüchsige umgetopft werden.

Weichholzarten wie Weiden, Pappeln und Liguster müssen zum Teil zweimal jährlich einen Wurzelschnitt bekommen.

Bei jungen Laub- und Nadelbäumen bis zum Alter von 5 Jahren reicht ein Wurzelschnitt und die Versorgung mit neuer Erde in jedem Frühjahr aus. Das Wurzelsystem junger Bäume wächst recht rasch unverzweigt zu langen Wurzeltrieben aus. Während wir also an den Schalenrändern schnell sehr viel Wurzelmasse bekommen, haben wir ein nur wenig kompaktes Wurzelsystem nahe des Stammansatzes. Durch den jährlichen Wurzelschnitt wird im Laufe der Zeit der Wurzelballen kompakter mit immer häufigeren Verzweigungen.

Danach nehmen die Zeiten zwischen den einzelnen Wurzelschnitten zu. Bei den meisten älteren Laubbäumen brauchen wir dann nur im Abstand von zwei bis drei Jahren einen Wurzelschnitt durchzuführen. Der Zeitabstand des Wurzelschnitts kann bei alten Nadelgehölzen bis zu 5 Jahre betragen. Das liegt daran, daß alte Bäume ihren Zuwachs innerhalb einer Wachstumsperiode reduzieren.

Je langsamer also das oberirdische Wachstum wird, umso langsamer breiten sich auch die Wurzeln aus.

Grundsätzlich sollte aber in jedem Frühjahr das Wurzelsystem aller Freilandbonsai in Augenschein genommen werden. Dazu heben wir den Baum vorsichtig aus der Schale, schauen, ob das Wurzelsystem noch intakt ist und setzen den Baum dann wieder in seine Schale zurück.

Es kann sehr wohl passieren, daß die Wurzeln des Baumes im Winter abgestorben sind und er dennoch oberirdisch zunächst austreibt. In diesem Fall nimmt der Baum seine Kraftreserven aus dem Stamm und den Ästen – der Baum treibt nur aus dem „Holz“ aus, stirbt dann aber bald auch oberirdisch ab.

Viele solcher Bäume wären gerettet worden, hätte man rechtzeitig den Wurzelballen kontrolliert und den Schaden erkannt. Ist der Baum nur aus dem „Holz“ ausgetrieben und beginnt anschließend zu kümmern, kommt meistens jede Rettungsmaßnahme zu spät.

Andererseits kann aber auch der oberirdische Teil des Baumes im Winter Schaden genommen haben, während der Wurzelballen noch vollkommen gesund ist. Hier hilft ein rechtzeitiger Rückschnitt im oberirdischen Teil bis ins gesunde Holz, um den Baum wieder langsam zu alter Schönheit aufzubauen.

Schaut man sich das Wurzelsystem genau an, so kann man verschiedene Situationen vorfinden, die einen Schnitt erfordern. Zu lange, unverzweigte Wurzeln werden eingekürzt. Tote Wurzeln werden herausgeschnitten. Sich überkreuzende Wurzeln beschnitten. Ein gut sanierter Wurzelballen bietet die Gewähr für gesundes Wachstum.

Erde ist nicht gleich Erde

All unsere Bonsai haben ihren Ursprung in der freien Natur. Sie unterscheiden sich von ihren Brüdern in der freien Natur hauptsächlich in ihrem unmittelbaren Lebensraum – unsere Bonsai stehen in häufig recht kleinen Schalen. Der unterschiedliche Raum, den die Wurzeln zur Verfügung haben, hat unterschiedliche Bedingungen zur Folge. Kurz gesagt, derselbe Baum reagiert unterschiedlich auf seine Ausbreitungsmöglichkeiten.

In der freien Natur bewirkt ein humoser, d. h. nährstoffreicher Boden mit optimaler Feuchtigkeit kompaktes Wurzelwachstum. Der Baum braucht seine Wurzeln nicht weit auswachsen zu lassen, um an die notwendige Feuchtigkeit und Nährsalze zu gelangen. Ein Boden mit geringerer Bodenfeuchte und weniger Nährsalzen regt den Baum an, seine Wurzeln weit in die Umgebung auswachsen zu lassen, um die Versorgung sicherzustellen.

In der Schale ist es gerade umgekehrt. Eine nährstoffarme Erde mit schlechter Wasserhaltefähigkeit läßt die Wurzeln nur schlecht wachsen. Schnell haben sie auf der Suche nach Wasser und Nährsalzen den Schalenrand erreicht. Ein schlecht ausgebildetes Wurzelsystem mit dünnen, instabilen Wurzeln ist die Folge. Hier kann das oberirdische Wachstum natürlich auch nur mühsam aufrecht erhalten werden, wenn es nicht sogar ganz ausbleibt.

Eine reiche Erde mit vielen Nährsalzen und bester Bodenfeuchte in der Nähe des Optimums läßt die Wurzeln sehr schnell zur Seite und erst dann nach unten wegwachsen. Wir haben zwar jetzt recht starke Wurzeln, aber auch wieder am Schalenrand, die Mitte des Wurzelballens wird so gut wie gar nicht ausgebildet.

Wie so oft im Leben liegt auch hier das richtige Maß zwischen den beiden Extremen.

Daneben müssen wir noch eine andere wichtige Forderung an die richtige Erde stellen. Die Erde sollte während der gesamten Zeit zwischen zwei Wurzelschnitten ihre krümelige Struktur weitgehend behalten. Verdichtet sich die Erde sehr schnell, indem die Erdekrümel frühzeitig zerfallen, wird sie zum Ende einer Wachstumsperiode zum echten Problem für weiteres Wurzelwachstum.

Ein wenig Bodenchemie

Eine gute Bonsaierde besteht aus drei Komponenten: Lehm, Humus und scharfem Sand. Die drei Komponenten haben ganz unterschiedliche Aufgaben im Boden zu erfüllen.

Lehm

Besteht aus Stoffen, die die Fähigkeit besitzen, an Grenzschichten Düngerionen wieder abgebbar zu binden. So kann Lehm als Austauscher zwischen dem Mineralstoffvorrat in den Bodenteilchen und der Bodenwasserlösung auf der einen Seite und dem Bedarf an Mineralstoffen der Wurzelhaare und Bodenorganismen auf der anderen Seite dienen. Wir haben im Boden über einen längeren Zeitraum eine stabile Ionenkonzentration und keine nennenswerte Auswaschung von Ionen durch überschüssiges Gießwasser.

Optimal kann der Lehm seine Aufgabe erfüllen, solange er gut krümelig ist. Krümeliger Lehm hat eine gute Drainagewirkung, bewirkt ein kompaktes Wurzelwachstum und vermeidet so ein Vergeilen der oberirdischen Pflanzenteile.

Im Laufe der Zeit zerfallen die Krümel langsam, was allmählich zu einer Verdichtung des Bodens führt – der Boden verschlammt. Ein verschlammter Boden hat natürlich nur eine schlechte Drainagewirkung und wird so auch zu einem Problem für die Pflanze.

Ein intakter Lehmboden hat eine hervorragende Pufferwirkung gegen pH-Wert-Schwankungen des Bodens. Zusätzlich wird Kapillarwasser gebunden und nach und nach an die Pflanze abgegeben.

Humus

Der Humus ist der eigentlich „lebende" Bodenbestandteil. Aufgrund seines hohen Anteils an halbverrottetem organischen Material leben in ihm viele nützliche Bodenorganismen.

Pflanzen können grundsätzlich keine organischen, sondern nur anorganische Stoffe in sich aufnehmen. Gerade die im Boden lebenden Mikroorganismen zerlegen bei ihrem Stoffwechsel organische Stoffe und setzen damit die anorganischen Stoffe frei. Die Pflanzen nehmen diese Stoffe in Form von Salzen in sich auf und können dann selbst wieder organische Stoffe herstellen.

Sollte der Boden keine Mikroorganismen enthalten, können wir den Boden mit Mikroorganismen impfen. Die Firma Neudorff bietet eine Jauche mit lebenden Mikroorganismen an. Hat man mit dieser Jauche gegossen, ist auch das Bodenleben in kurzer Zeit wieder im richtigen Gleichgewicht.

Für ein gesundes Bodenleben ist auch wieder eine gute Drainage des Bodens notwendig, da auch die Mikroorganismen für ihre Arbeit recht viel Sauerstoff benötigen. Durch die Zersetzung des Humus durch die Mikroorganismen wird der Anteil an Humus natürlich immer kleiner. Entsprechend wird für die wachsenden Wurzeln neuer Platz geschaffen, was der Gefahr einer Bodenverdichtung entgegenwirkt. Die Mikroorganismen haben ihr höchstes Leistungsvermögen bei etwa 20°C Bodentemperatur; wir sollten also einer Überhitzung des Bodens im Hochsommer durch rechtzeitiges Wässern entgegenwirken.

Als Humus eignet sich Torf am allerschlechtesten. Das wird deutlich, wenn man sich die Bildung von Torf einmal genauer anschaut. Torf entsteht, wenn tote Pflanzen ein Gewässer ohne Abfluß langsam zusetzen. In dem Wasser können nur Mikroorganismen wirken, die für ihren Stoffwechsel keinen Sauerstoff benötigen. Bei der Zersetzung von organischem Material unter Luftabschluß entstehen viele Säuren, die Huminsäuren. Die meisten Pflanzen vertragen aber nur einen Boden, der nur schwach sauer ist.

Guter Humus entsteht also nur bei der Zersetzung von organischen Stoffen bei mäßiger Feuchtigkeit und einem ausreichenden Luftaustausch. Solcher Humus entsteht zum Beispiel bei der Kompostierung von Gartenabfällen und Laub.

Sand

Sand ist ein Verwitterungsprodukt von großen Stein- oder Lavabrokken. Guten Bonsaisand bringen Granit- oder Basalt-Verwitterungen oder die Verwitterungen von vulkanischem Gestein hervor.

Schlecht für Bonsai sind Seesand oder Meeressand, weil wir hier einen für die meisten Bäume zu hohen Salzgehalt haben.

Der Sand sollte möglichst scharfkantig sein. Sobald eine wachsende Wurzelspitze an solch einen Stein stößt, wird sie zur Teilung angeregt und damit zur Bildung eines feinen Wurzelsystems.

Nehmen wir rundere Steinchen, gleiten die Wurzelspitzen über sie hinweg und wachsen ungeteilt weiter. Die Folge ist ein weniger feines Wurzelsystem. Der scharfe Sand hat aber in erster Linie die Aufgabe, als Drainage zu wirken. Er soll den Boden für eine gute Belüftung offenhalten. Zwischen den Sandteilchen finden die Wurzeln zusätzlich recht viel Kapillarwasser.

Der Boden unter der Lupe

Der Boden sollte so gemischt sein, daß er beim Eintauchen in ein Wasserbecken etwa zu 50% aus Wasser besteht, also sein Gewicht verdoppelt. Die Hälfte des Wassers sollte möglichst schnell ablaufen können, wenn der Bonsai wieder an seinem Platz steht. Das Feuchtigkeitsoptimum liegt also bei 25 Gewichtsprozent.

In dem Boden sind viele kleinere und größere Poren. Die kleineren Poren sind beim Feuchtigkeitsoptimum mit Wasser gefüllt, während die größeren Poren mit Luft gefüllt sind. Die Bodenluft wird von den Wurzeln und den Bodenorganismen für ihren Stoffwechsel benötigt. Wären alle Poren ständig mit Wasser gefüllt, käme es zum Absterben des gesamten Bodenlebens.

Natürlich verringert sich der Sauerstoffgehalt und der Kohlendioxidgehalt des Bodens nimmt langsam zu. Durch Eintauchen der Bonsaischale in ein Wasserbassin bis zum Schalenrand wird die verbrauchte Luft herausgedrückt. Wenn nun das überschüssige Wasser wieder abfließt, kommt neue, unverbrauchte Luft in die Poren hinein.

Neben dem freien Wasser in den Bodenporen und dem Wasser in den Kapillaren, haben wir noch sogenanntes Adhäsionswasser, d. h. die Bodenteilchen sind mit einem dünnen Wasserfilm überzogen. Gerade dieses Wasser wird bevorzugt von den Pflanzen aufgenommen.

Langsam geht das Wasser aus den kleinen Poren auf die Bodenteilchen über, um für die Pflanze nutzbar zu werden. Ist auch dieses Wasser verbraucht, müssen wir erneut wässern.

Bonsai-Erde kann man natürlich selbst aus den jeweiligen Komponenten mischen, was aber meist doch mit einem recht großen Aufwand verbunden ist.

Auf keinen Fall sollte einfache Gartenerde oder Walderde unverändert genommen werden. Wie schon bei den anfänglichen Überlegungen zur richtigen Erde für unsere Bonsai deutlich wurde, ist es ein Unterschied, ob ein Baum in der freien Erde steht oder in einer Schale wächst. Gute Humuserde vom Komposthaufen ist natürlich vorzüglich als eine Erdkomponente zu verwenden.

In verschiedenen Bonsai-Büchern wird der Rat gegeben, Bonsai-Erde vor dem Gebrauch zu sterilisieren. Ich halte das für unnötig, wenn nicht sogar für falsch. Zum einen werden zwar eventuell vorhandene, schädliche Bodenorganismen abgetötet, daneben haben aber auch die nützlichen Bodenbewohner kaum eine Überlebenschance. Wir schädigen also nicht nur den Boden, sondern letztlich auch unsere Pflanzen.

Andererseits, wenn sämtliche Bodenorganismen ohne Unterschied getötet wurden, wer sagt uns denn, daß als erste Neuankömmlinge nicht die schädlichen Organismen durch Regen oder Wind in den Boden gelangen? In solch einem Fall fehlt die natürliche Korrektur durch das Gleichgewicht mit den nützlichen Bodenbewohnern.

Ebenso ist es einfach Augenwischerei, wenn man glaubt, daß in der alten Erde des Restballens an den Wurzeln keine Mikroorganismen, auch schädliche, vorhanden seien.

Es gibt kaum ein Bonsai-Fachgeschäft, das nicht seine ganz spezielle „Bonsai-Erde" anbietet. Dazu ist zu sagen, daß oftmals die Erde recht gut verwendbar ist. Dennoch sei zur Vorsicht geraten! Manch ein Fachgeschäft bietet eine Eigenmischung an, die man beim besten Willen nicht als Bonsai-Erde bezeichnen kann.

Die Grundmischung läßt sich abwandeln

Um 1000 g Grundmischung herzustellen, benötigt man 450 g Lehm, 50–100 g Humus und 450 g scharfen Sand.

Für blühende und fruchtende Baumarten werden einfach 20 gHumus der Grundmischung zugefügt. Steinfrüchte lieben einen Boden, der aus 50% Lehm und 50% Sand gemischt wird, hier wird also kein Humus zugefügt.

Bonsai-Erde für Kiefern besteht aus 50% Lehm und 50% scharfem Sand, dem ½% Humus zugefügt wird.

Wistarien und Granatäpfel brauchen eine Erde aus 50% Lehm, 30% Humus und 20% scharfem Sand.

Diese Mischung verwenden wir auch für Azaleen, nur sollten die einzelnen Erdteilchen hier feiner sein als bei der Wistarie.

Alle anderen Bäume bekommen nur die Grundmischung.

In manchen Bonsai-Fachgeschäften können wir auch aus Japan importierte Bonsai-Erde kaufen. Teuer im Preis, ist diese Erde auch die beste, die ich je verwendet habe. Selbst nach längerer Zeit verliert diese Erde nicht ihre krümelige Struktur und ist vor allem universell verwendbar. Lediglich Azaleen brauchen eine spezielle Azaleenerde, die auch aus Japan kommt.

Die japanische Erde sieht aus, als wenn sie nur aus Lehmbröckchen bestünde, hat aber nach meinen Untersuchungen im wesentlichen die Zusammensetzung, wie sie bei der Grundmischung angegeben ist.

Die richtige Körnung ist wichtig

Welche Bonsai-Erde wir auch immer verwenden, sie sollte vor dem Gebrauch gesiebt werden. Im Fachhandel werden Siebsätze mit den richtigen Maschenweiten angeboten. Wir benötigen die maschenweiten 1 cm, 6 mm und 1 mm. Damit wir die Erde richtig sieben können, sollte sie so trocken wie möglich sein.

Wir bekommen nun Erdkrümel in vier verschiedenen Korngrößen: größer als 1 cm, von 1 cm bis 6 mm, von 5,9 mm bis 1 mm und kleiner als 1 mm.

Bei allen Schalen, die tiefer als 5 cm sind, geben wir als Drainageschicht zunächst die Erdkrümel, die größer als 1 cm sind. Darüber kommt eine Schicht der Korngröße 1 cm bis 6 mm. Diese Erdschicht sollte etwa ¼ der Schalentiefe füllen. Alternativ können wir auch Hydrokulturgranulat in dieser Körnung als Drainageschicht verwenden.

Als eigentliche Pflanzerde verwenden wir die Körnung 5,9 bis 1 mm. Diese Erde rieselt gut zwischen die Wurzeln und führt zu einem kompakten Wurzelballen.

Die staubfeine Erde (kleiner als 1 mm) verwenden wir nicht, da sie beim Gießen in die tieferen Bodenschichten eingeschwämmt würde und dadurch zu einer Verdichtung des Bodens führt.

Zusätzlich werden im Fachhandel kleine, tütenförmige Metall-Erdschaufeln mit einem eingebauten Sieb angeboten. Mit diesen Schaufeln kann man die Staubfraktion noch einmal sieben. In der Schaufel bleiben Erdkrümel bis 0,5 mm Korngröße zurück. Diese Körnung kann als feine Deckschicht oben aufgestreut werden. Der Staub wird aber auf keinen Fall verwendet.

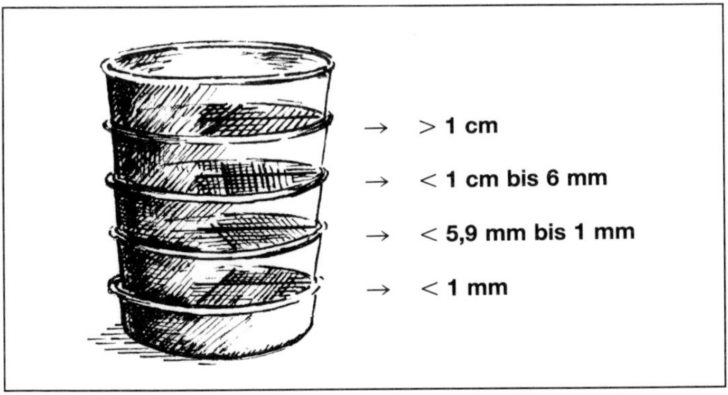

Blätter – die Kraftwerke der Pflanzen

Mit Hilfe der grünen Blätter können Pflanzen etwas, was kein Tier kann, auch der Mensch trotz seiner Technik nicht, aus anorganischen Stoffen organische Stoffe herstellen.

Zusätzlich sollen die Blätter durch Wasserverdunstung für einen Transport des von den Wurzeln aufgenommenen Wassers bis zu den Blättern hin sorgen.

Bau eines Blattes

Blätter lassen sich ganz allgemein in Blattspreite, Blattstiel und Blattgrund unterteilen.

Die Blattspreite besteht bei einer Dicke von $\frac{1}{100}$–$\frac{5}{100}$ mm aus verschiedenen Zellschichten. Die Blattoberseite zeigt zunächst eine Zellschicht mit dicken Wänden aber ohne Chlorophyll (Blattgrünkörper), die sogenannte Epidermis. Darunter schließt sich die chlorophyllreichste Zellschicht, das Palisadengewebe, an. Mit 20% am Gesamtchlorophyll nimmt das Schwammgewebe dennoch mit seinen großen Zellzwischen-

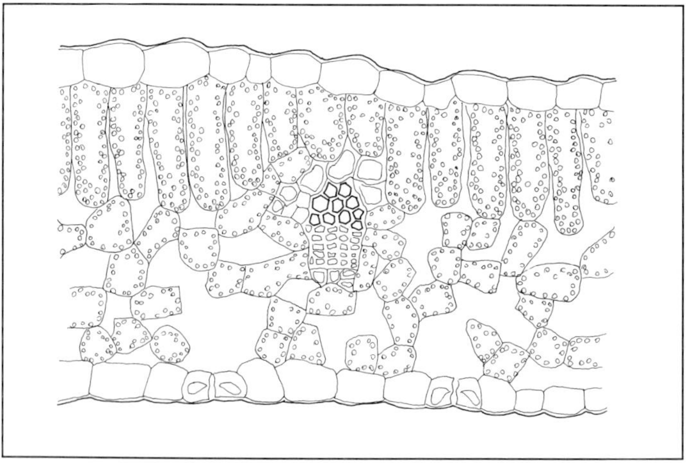

Schnitt durch ein Laubblatt.

räumen den meisten Platz im Blatt ein. Die Blattunterseite wiederum hat Epidermiszellen, ähnlich der Blattoberseite.

Sowohl die obere als auch die untere Epidermis sondern eine wachsartige Schicht ab, was sie wasserundurchlässig macht.

In die untere Epidermis sind kleine verschließbare Öffnungen eingelassen, die Spaltöffnungen. Hier findet der Gasaustausch statt, bei dem Kohlendioxid aus der Luft aufgenommen wird. Die Photosynthese hat als Abfallprodukt Sauerstoff, der das Blatt ebenfalls durch die Spaltöffnungen verläßt.

Das Laubblatt ist von einem dichten Netz Blattadern durchzogen. Hierdurch werden Wasser und Nährsalze in das Blatt hinein und Photosyntheseprodukte aus dem Blatt in den Rest des Baumes transportiert.

Bei den Nadelgehölzen sieht die Blattspreite äußerlich ganz anders aus. Als Beispiel mag hier das Blatt der Kiefer dienen. Der fast runde, spitz zulaufende Aufbau verwischt jeden Unterschied zwischen einer Oberseite und Unterseite. Die Epidermis ist hier mit einer noch dickeren Wachsschicht versehen als beim Laubblatt.

Durch die kleinere Oberfläche bedingt, hat das Nadelblatt nur eine Art von blattgrünhaltigem Gewebe, das Faltenparenchym. Auch ist die Blattader nicht netzartig verzweigt, sondern durchzieht als gerader Strang das Blatt.

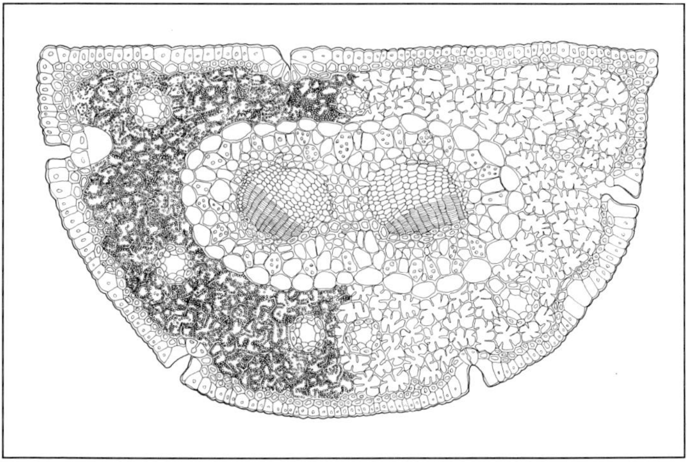

Schnitt durch ein Nadelblatt.

Die Spaltöffnungen sind um das ganze Blatt verteilt und tief in die Epidermis eingesenkt. So kann der Wind den Wasserdampf nicht so leicht wegblasen, was eine deutliche Einschränkung der Transpiration bringt.

Bei einigen Nadelgehölzen sind die Spaltöffnungen zusätzlich mit Wachs überzogen, wie auf der Unterseite der Weißtannennadeln.

Der Blattstiel hat zwei wichtige Aufgaben. Zum einen verbindet er das Blatt mit dem Rest der Pflanze. So ist der Stoffaustausch zwischen Blatt und Rest der Pflanze sichergestellt.

Zum anderen bringt der Blattstiel die Blattspreite in eine günstige Lage zum Licht und in den Luftraum. Der Blattgrund ist zum Zweig hin verbreitert und stellt somit eine feste Verbindung zwischen beiden Körperteilen dar.

Bei der Photosynthese stellt die Pflanze aus Kohlendioxid und Wasser mit Hilfe des Blattgrüns und durch aufgenommene Lichtenergie Zucker und Sauerstoff her. Der Zucker dient der Pflanze als Energielieferant oder als Ausgangsstoff für eine Reihe von körpereigenen Stoffen.

So werden Zuckermoleküle entweder zum Energiespeicher Stärke oder zum Baustoff Zellulose verkettet.

Neben der Photosynthese sorgen die Blätter durch Wasserverdunstung für ein Hochsaugen von Wasser aus den Wurzeln durch den Stamm. Gleichzeitig führt die Wasserverdunstung zu einer Abkühlung des Blattes, was gerade bei hohen Sommertemperaturen wichtig ist.

Der Blattschnitt

Sobald ein Laubbaum seine Blätter austreibt, bildet er in den Achseln auch neue Knospen aus. Als Blattachsel bezeichnet man den Bereich, wo der Blattstiel am Zweig ansetzt. Normalerweise treibt die Pflanze aus jeder Knospe einen neuen Zweig mit einigen Blättern aus. Hat der Baum genügend Knospen ausgebildet, hält er immer einige Knospen als sogenannte „schlafende Augen“ in Reserve. Die schlafenden Augen weckt der Baum nur, wenn er nicht genügend andere Knospen zum Austrieb zur Verfügung hat. Das kann nach einem kräftigen Rückschnitt unseres Bonsai der Fall sein.

Der Teil-Blattschnitt für einen dichteren Austrieb

Die meisten Laubbäume, wie z. B. Zelkoven und Buchen, treiben mehrmals innerhalb einer Wachstumsperiode aus. Wenn man sich aber einmal einen diesjährigen Trieb genau anschaut, stellt man fest, daß zur Spitze des Triebes hin die Blätter immer größer werden. An den Stellen aber, wo die Blätter größer sind, wird der Baum aus den Achselknospen bevorzugt weiter austreiben. Wir bekommen also immer ein spitzenbetontes Wachstum, d. h. die weiter hinten liegenden Knospen werden bevorzugt zu schlafenden Augen. Das können wir verhindern und gleichzeitig ein dichteres Triebwachstum anregen. Wir müssen den Vorgang eigentlich nur umkehren.

Wir brauchen hierzu die Blattfläche nur künstlich verkleinern, und zwar so, daß die Spitzenblätter nun die kleinste Blattfläche haben und die Blätter am Triebansatz die größten werden. Dazu schneiden wir einfach einen Teil der Blattfläche ab. An der Schnittgrenze verschließt der Baum die Wunde.

In der Regel werden jetzt auf der ganzen Trieblänge die Knospen zum Austreiben angeregt. Sobald sich die neuen Triebe gebildet haben, werden die vorher verkleinerten Blätter vollständig entfernt. Zusätzlich sind die Blätter des Neuaustriebs kleiner als die Blätter des Erstaustriebs.

Der Voll-Blattschnitt, die Blätter sollen kleiner sein

Häufig harmonieren Blattgröße und Bonsai-Größe nicht in idealer Weise miteinander. Ziel der Bonsai-Pflege ist es aber, möglichst kleine Blätter zu haben.

In diesem Fall können wir nach der Aushärtung der Blätter, also im Frühsommer, einen Voll-Blattschnitt durchführen. Hierbei werden die Blattspreiten abgeschnitten, und nur die Blattstiele bleiben zurück. Der Baum macht jetzt einen Scheinherbst durch, läßt die Achselknospen schneller ausreifen, wirft die Blattstiele dann ab und treibt mit meist kleineren Blättern erneut aus.

Diese Aktion sollte man aber nur bei ganz gesunden Bonsai höchstens einmal pro Jahr durchführen. Auf keinen Fall bekommen Bonsai noch im Spätsommer oder gar Herbst einen Blattschnitt. Sie erleiden einen unnötigen Kraftverlust und härten nicht für den Winter aus.

Nadelbäume bilden nicht in jeder Blattachsel eine Knospe aus

Anders als die Laubbäume bilden die Nadelbäume längst nicht in jeder Blattachsel eine Knospe aus. Nadelbäume bilden nur in gewissen Abständen auf der Trieblänge Knospen aus und bevorzugt an den Triebspitzen. Aber auch hier können wir durch Abzupfen von Blättern das Ausreifen von Knospen beschleunigen (siehe dazu „Spezielle Pflege der wichtigsten Bonsai-Baumarten“).

Zusammen mit einem Blattschnitt werden die Form störenden Triebe beschnitten.

Beim Blattschnitt werden alle Blattflächen abgeschnitten. Die Blattstiele lassen wir stehen.

Im Herbst bereiten sich Bäume auf den Winter vor

Alle Freilandbonsai müssen sich von den recht hohen Sommertemperaturen auf die niedrigen Wintertemperaturen vorbereiten. Im Sommer würden die bei uns heimischen Bäume Temperaturen um den Null-Punkt kaum schadlos überstehen können.

Anders ist es im Winter, hier müssen die oberirdischen Pflanzenteile mit Temperaturen bis –30°C fertig werden und das, ohne Schäden zu erleiden.

Da die Temperaturen im Herbst manchmal noch deutlich steigen, kann die Temperatur für die Bäume nur ein sehr ungenaues Meßergebnis bringen. Entsprechend ist die geringere Tageslänge mit der minderen Lichtintensität das auslösende Moment für die Vorbereitung auf den Winter.

Anfang August hört das Triebwachstum auf und das Dickenwachstum geht nur noch ganz langsam weiter. Die Produktion von Zucker durch die Photosynthese ist zwar nicht mehr so hoch wie vorher, ist aber noch bis weit in den September hinein beachtlich. Die jetzt entstehenden Zucker werden für das Wachstum nur noch in sehr geringem Maße verbraucht, es entstehen also Überschüsse, die als Reservestoffe in Form von Stärke und Fetten abgelagert und gespeichert werden.

Die Aufladung des Baumes mit Speicherstoffen beginnt in den Wurzeln, schreitet aber bald nach oben durch den Stamm bis in die Zweige fort. Diese Reservestoffe dienen nach der Ruheperiode dem Start in eine neue Vegetationsphase.

Nun werden vom Baum verstärkt Stärke und Zucker eingelagert und Wirkstoffe freigesetzt, die aus den Blättern der Laubbäume die noch verwertbaren Stoffe in den Stamm zurückholen.

Es setzt ein Abbau des Blattgrüns ein, was die Blätter langsam blasser werden läßt, bis sie gelb werden und meist abfallen. Bei einigen Arten werden beim Fehlen des Blattgrüns auf einmal wieder andere Farbstoffe sichtbar, wie zum Beispiel das Rot. Besonders bei Ahornen sehen wir langsam im Herbst eine Symphonie der Farben.

Zusätzlich werden in die Blätter, die abgeworfen werden, nicht mehr verwertbare Stoffe und Abfallstoffe eingelagert, was natürlich auch wieder zu einer Verfärbung der Blätter führt.

Im Stamm, den Ästen und Zweigen werden nun verstärkt „Frostschutzmittel" in den Zellen eingelagert. Der erhöhte Zuckergehalt der Zellen führt zu einer Erniedrigung des Gefrierpunktes, d. h. die Zuckerlösung gefriert erst bei erheblich niedrigeren Temperaturen als reines Wasser.

So ist sichergestellt, daß die oberirdischen Teile nicht durch tiefe Frosttemperaturen zerstört werden können. Anders ist das bei den

Wurzeln. Normalerweise treiben die Bäume in der freien Natur ihre Wurzeln bis tief ins Erdreich, so tief, daß sie auch Bodenfrost nicht erreichen kann. Entsprechend werden die Wurzeln von den Bäumen auch nicht besonders stark auf den Winter vorbereitet, sie härten einfach nur ungenügend aus. Bodentemperaturen unter –5° C schädigen die Wurzeln meist nachhaltig.

Zusätzlich verbraucht jeder Baum im Winter auch ohne Blätter ständig Wasser, wenn auch in geringerem Maße als im Sommer. Er verdunstet über den Stamm, die Äste und Zweige weiterhin Wasser. Bei gefrorenem Boden können die Wurzeln kein Wasser aufnehmen und an die oberirdischen Teile weiterleiten. Entsprechend vertrocknen die oberirdischen Baumteile bei länger eingefrorenem Boden langsam.

Wenn wir unsere Bäume optimal auf den Winter vorbereiten wollen, folgen daraus einige Konsequenzen:

1. Der richtige Standort im Spätherbst sollte nicht mehr in der prallen Sonne sein. Im Halbschatten wird für den Baum der Eindruck der geringeren Lichtintensität verstärkt, er beginnt also intensiver mit der Frostaushärtung.

2. Der Wasserbedarf wird durch die verminderte Photosynthese und den veränderten Standort natürlich auch kleiner. Wir sollten die Erde zwar weiterhin feucht halten, aber noch stärker auf Staunässe achten, als im Sommer.

3. Je nach Düngeranwendung können wir den Prozeß der Aushärtung begünstigen, aber auch verhindern. Jede Düngersorte, die das Wachstum anregt, sollte nicht angewendet werden. Vor allem ist auf einen niedrigen Stickstoffgehalt zu achten. Ist zusätzlich der Gehalt an Phosphor und Kali erhöht, wird die Aushärtung optimiert.

4. Im Herbst sollten wir jegliche Schnittmaßnahmen einstellen. Jedes Beschneiden in dieser Zeit könnte das Wachstum anregen. Wachstum und Aushärtung sind zwei Lebensvorgänge, die einander widersprechen.

Erst nachdem die Aushärtung abgeschlossen ist, also bei Laubbäumen das Laub braun geworden und abgeworfen ist, können wir, wenn nötig, wieder schneiden.

5. Im frühen Winter, vor dem Beginn der Frostperiode, sollte der Draht, der eventuell noch an den Bäumen ist, entfernt werden. Metall ist ein guter Wärme- wie auch Kälteleiter. Über den Draht, vor allem, wenn er einzuwachsen beginnt, kann der Frost voll auf den Baum einwirken und ihn schädigen.

Schädlinge und Nützlinge an Bonsai

Neben falscher Pflege und falschem Standort, können verschiedene andere Lebewesen der Gesundheit unserer Bonsai schaden. Allgemein werden solche Organismen als Schädlinge bezeichnet.

In der Natur gibt es gegen jeden Schädling aber auch verschiedene Möglichkeiten der biologischen Abwehr und Bekämpfung. Ich bin der Meinung, daß man bei aller Fürsorge für unsere Bonsai niemals das Augenmaß verlieren darf. Es erscheint überzogen, wenn man bei Anwesenheit weniger Blattläuse gleich die ganz große „chemische Keule" herausholt. Wenn immer möglich, sollte auf die biologische Abwehr ausgewichen werden, denn gegen Schädlinge sind eben doch Kräuter gewachsen.

Schädlinge leicht erkannt

Schädlinge können ganz unterschiedliche Organismen, wie Insekten, Würmer, Pilze, Bakterien und Viren, sein.

a. Insekten

- kleine, grüne oder schwarze, flügellose Insekten an jungen Pflanzenteilen = Blattläuse
- kleine wattebauschähnliche Gebilde = Wolläuse
- kleine schildartige Pusteln auf Ästen und Zweigen = Schildläuse
- Blattkräuselungen = Blattläuse
- weiße Flecken auf den Blättern = Blattflöhe
- klebrige Absonderungen, auf denen sich Rußtaupilze ansiedeln = Blattläuse, Blattflöhe oder Schildläuse
- angefressene oder skelettierte Blätter oder Löcher in den Blättern = Raupen von Schmetterlingen oder Käfer
- ungleichmäßige Gänge in den Blättern = Miniermotte
- zigarrenartig zusammengerollte Blätter = Raupen
- miteinander verwobene Blätter = Raupen
- knollenartige Gebilde auf Blättern oder knollenartig verformte Knospen = Gallmücken
- Sägemehl liegt am Stammfuß und kleine Löcher im Stamm = Borkenkäfer

- kleinste weiße Fliegen, wie Puder, die bei Berührung der Pflanze auffliegen = weiße Fliege
- im Boden befinden sich graue, madenartige Larven bei gleichzeitigem Welken, Vergilben bis hin zum Absterben der Pflanze = Wiesenschnake

b. Milben

- zunächst weiße bis gelbliche Flecken, die später zu einer graubraunen Verfärbung des ganzen Blattes führen = rote Spinne oder Spinnmilben
- Blattkräuselungen, vorzeitiger Blattfall, feine Gespinste und leere Eihüllen besonders auf den Blattunterseiten = Milben
- kleine Pocken auf den Blättern = Pockenmilbe
- Schütteln über einem weißen Blatt Papier zeigt rote „Paprikapunkte" = rote Spinne

c. Fadenwürmer (Nematoden)

- nach intensivem Wässern kleine, durchsichtige Würmchen auf der Erdoberfläche
- Vergilben; Rotfärbung der Blattspitzen
- Werkeerscheinungen der Blattränder oder des ganzen Blattes
- kleine, zwiebelartige Verdickungen an den Wurzeln

d. Pilze

- Welkeerscheinungen durch Befall der Blätter oder Wurzeln
- Blattverfärbungen und Flecke
- Absterbeerscheinungen und Fäule an den Wurzeln
- Kräuselungen der Blätter
- weißliche Überzüge auf der Unterseite oder der Oberseite der Blätter = Mehltau
- mehr oder weniger lange Streifen und Pusteln auf den Blättern oder den Zweigen, aus denen rostbraune bis schwarze Sporen hervortreten = Rostpilze
- dunkelbraune bis schwarze Überzüge auf Blättern und Trieben = Rußtaupilze

- winzige, gelbe Flecken, auf Kiefernnadeln, die später größer und bräunlich werden, Abwerfen der befallenen Nadeln bis Ende Mai = Kiefernschütte (nicht verwechseln mit normalem Abwurf von alten Nadeln im Herbst)
- Nadeln von Kiefern werden gelb oder hellbraun; Nadelbasis bleibt häufig bis zum Abwurf grün = Schwedische Kiefernschütte
- Braunwerden von Fichten- oder Tannennadeln, die nicht sofort abfallen, sondern lose von den Zweigen herabhängen = Fichten- oder Tannennadelbräune
- auf Fichtennadeln kleine, erst farblose, später schwärzliche Polster; im 2. oder 3. Jahr gestreckte, glänzend schwarze Wülste auf der Nadelunterseite = Fichtenritzenschorf
- auf Kiefernnadeln 1–3 mm breite, rotgelbe Erhebungen = Kiefernnadelrost
- relativ große Trockenzonen auf den Blättern, die meist dem Verlauf der Blattadern folgen = Blattbräune bei Buche, Eiche, Kastanie, Hainbuche und Linde
- junge Triebe werden braun und sterben ab = Blattbräune
- auf Ahornblättern treten 1–2 cm große, schwarze Flecke, die häufig von einem weißlichen Rand umgeben sind = Teerfleckenkrankheit
- auf Ahornblättern 0,2–1 cm große, grau-weiße, rundliche Flecke = Weißfleckigkeit
- junge Triebe hängen schlaff herab, werden dann braun und vertrocknen = Grauschimmelfäule (nicht verwechseln mit Spätfrostschäden, die sämtliche jungen Triebe schädigen)
- im Frühjahr werden die Nadeln von der Triebspitze her braun und fallen allmählich ab = Triebsterben von Nadelbäumen

e. Bakterien

- rasch einsetzende Welke der Blätter und Blütenstände einzelner Äste mit anschließender Verfärbung bzw. Schwarzfärbung. Bei abgestorbenen Trieben ist die Spitze hakenförmig nach unten gebogen. An erkrankten Stellen treten bei hoher Luftfeuchtigkeit kleine Tröpfchen eines weißen, klebrigen Schleimes aus, der sich später dunkelbraun verfärbt = Feuerbrand

f. Viren

- mosaikartige Scheckung der Blätter = Mosaikvirus

Gegen viele Schädlinge ist ein Kraut gewachsen

Viele der hochwirksamen sog. chemischen Pflanzenschutzmittel schädigen häufig die Umwelt, gefährden andere Tiere und sind nicht zuletzt auch für den Menschen häufig gefährlich. Grundsätzlich sollten die chemischen Pflanzenschutzmittel nur nach Anweisung und vorherigem Rat durch einen Fachmann angewendet werden. Nicht selten werden von Laien eine Reihe der verschiedensten Präparate einfach ausprobiert, bis zufällig das richtige Mittel gefunden wird.

Auch sollte man immer die Verhältnismäßigkeit der Mittel im Auge behalten. Hat man eine Blattlaus oder eine Raupe entdeckt, sollte man nicht gleich zur „chemischen Keule" greifen.

Die Natur hat uns eine Reihe von Mitteln an die Hand gegeben, mit denen wir wirkungsvoll aber schonend für die Umwelt Schädlinge bekämpfen können.

Gegen Insekten

Handarbeit: Raupen und Larven anderer Insekten werden mit der Hand abgelesen. Blattläuse können mit einem kräftigen, kalten Wasserstrahl abgespritzt werden.

Beißende Brennessel-Brühe

1 kg frische oder 100–200 g getrocknete Brennessel setzt man in 10 l kaltem Wasser für 12–24 Stunden an. Abgeseiht wird die Brühe dann unverdünnt gegen Blattläuse eingesetzt.

Steht die Brühe zu lange, verliert sie an Wirkung, kann aber als Dünger eingesetzt werden.

Farnkraut-Brühe

1 kg frisches oder 100 g getrocknetes Wurm- oder Adlerfarnkraut wird in 10 l Wasser für ca. 24 Stunden angesetzt. Nach dem Durchsieben wird die Brühe unverdünnt auf die Bäume gesprüht.

Wirkt gegen Schild-, Schmier- und Blattläuse. Gleichzeitig wirkt die Brühe als Kalidünger.

Wermut-Brühe

300–500 g frisches oder 30 g getrocknetes Wermutkraut setzt man in 10 l Wasser für 24 Stunden an. Durchgesiebt wird die Brühe als Spritzmittel gegen Läuse, Raupen und Ameisen eingesetzt.

Algenkalk

Erhöht die Widerstandsfähigkeit gegen Insekten. Das Puder streut man alle 14 Tage in der Wachstumszeit über die taufeuchten Blätter.

Nicht anwenden bei kalkempfindlichen Pflanzen, bei windigem und regnerischem Wetter.

Pyrethrumpräparate

Sind in jedem Gartencenter zu kaufen und wirken hervorragend gegen alle schädlichen Insekten.

Marienkäfer, Ohrwürmer und Florfliegen

Leben sowohl als Larven, als auch als erwachsene Tiere vom Vertilgen großer Mengen von Läusen.

Gegen Milben

Die Pyrethrumpräparate wirken auch gegen die verschiedenen Milbenarten.

Gegen Pilze

Schwefelleber-Seifen-Lösung

50 g Schwefelleber (aus der Apotheke) werden in 10 l Wasser gegeben. Dazu kommt eine Lösung von 90 g Schmierseife (Weinbergseife aus der Drogerie) in 3 l Wasser.

Die Gesamtlösung kann noch einmal mit 2–3 l Wasser verdünnt und dann gespritzt werden.

Wasserglas (Natriumsilikat)

In 1 l Wasser gibt man 5–20 g Wasserglas (aus der Apotheke). Diese Lösung kann als Winterspritzung vorbeugend gegen Pilzbefall eingesetzt werden.

Im Sommer mischt man die Lösung mit der Schwefelleber-Seifen-Lösung.

Kupfer- und Schwefelpräparate

In jedem größeren Gartencenter kann man wirksame Pilzbekämpfungspräparate auf Kupfer- oder Schwefelblütenbasis kaufen.

Gegen Fadenwürmer

Gegen diese Tiere können wir in der Regel nur physikalisch vorgehen, indem wir zum Beispiel den Boden weniger feucht halten.

Bei starkem Befall können Bodenentseuchungsmittel eingesetzt werden, dies aber nur durch Fachleute.

Gegen Feuerbrand

Alle befallenen Teile entfernen und verbrennen. Häufig ist der Baum nicht mehr zu retten, stellt aber einen Infektionsherd für andere Bäume dar, er sollte also ganz verbrannt werden. Hauptsächlich werden alle Bäume und Sträucher aus der Familie der Rosengewächse befallen, wie Apfelbäume, Prunus-Arten, Zwergmispel, Feuerdorn und Eberesche.

Bei Befall sollte das nächstgelegene Pflanzenschutzamt informiert werden.

Gegen Viren

Sollte man den Fachmann aufsuchen.

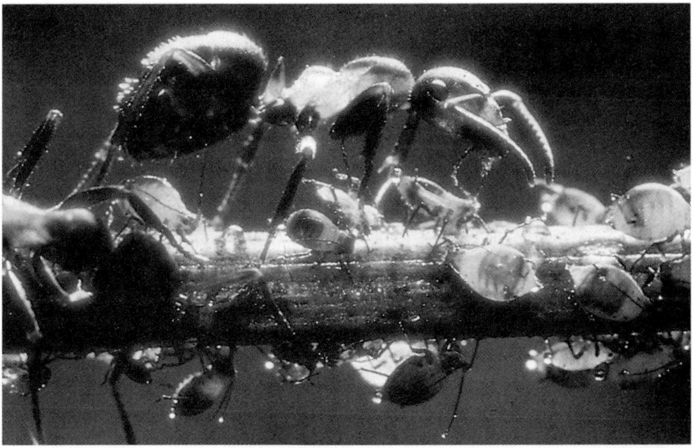

Häufig werden Blattläuse von Ameisen als „Haustiere" benutzt. Die Ameisen tragen die Blattläuse auf die Pflanzen und sammeln die süßen Ausscheidungen der Blattläuse als Delikatesse.

Der Stamm als Gestaltungsmerkmal

Der Stamm eines Baumes ist sicherlich das Merkmal, das ihn von allen anderen Pflanzen unterscheidet. Der Stamm erlaubt es dem Baum, seine Blätter hoch in den Luftraum und damit in eine günstige Lage zum Licht zu bringen. Im freien Luftraum ist der Gasaustausch zudem viel wirkungsvoller als im unteren Bereich.

Gleichzeitig dient er aber auch als Mittler zwischen den Wurzeln und den Blättern. So fließen durch ihn Wasser und darin gelöste Nährsalze von den Wurzeln zu den Blättern. Andererseits werden durch ihn die in den Blättern gebildeten Photosyntheseprodukte hinab bis zu den Wurzeln transportiert. Um möglichst effektiv zu arbeiten, sind die beiden Saftströme streng voneinander getrennt. Doch schauen wir uns hierzu eine Baumscheibe einmal genau an.

Schon mit bloßem Auge erkennt man deutlich voneinander unterscheidbare Strukturen. Den größten Teil der Baumscheibe macht das Holz mit seiner typischen Ringstruktur aus. Weiter außen trennt ein schmaler Bereich das Holz von der Rinde. Diesen Teil nennen die Biologen Kambium.

Das Kambium ist der wichtigste Teil des Stammes, der Äste und Zweige. Nur das Kambium behält während des ganzen Lebens des jeweiligen Baumteils seine Teilungsfähigkeit. Von ihm werden während der Wachstumszeit nach innen neue Holzzellen und nach außen neue Rindenzellen gebildet. Zusätzlich verschließt das Kambium durch verstärktes Wachstum eventuell aufgetretene Wunden am Holzkörper, man sagt, es überwallt Wunden.

Zu Beginn der Wachstumszeit, also bei unseren Freilandbonsai im Frühjahr, setzt im Kambium verstärkte Teilungsaktivität ein. Jetzt bildet es nach innen recht große neue Holzzellen, die sich bald zu langen Röhren vereinigen. Dabei sterben sie zwar ab, können aber das Wasser von unten nach oben transportieren. Bis zum Hochsommer hin werden immer etwa gleichgroße neue Zellen gebildet, was diesen Holzteil hell erscheinen läßt.

Zum Herbst hin wird der Wasserbedarf kleiner, und somit werden auch kleinere Zellen gebildet. Wegen der größeren Dichte erscheint dieser Bereich dunkler. Im Winter stellt das Kambium seine Teilungsaktivitäten vollständig ein. Ein Jahresring ist gebildet.

Im Frühjahr des folgenden Jahres beginnt das Kambium mit dem Bau eines neuen Jahresringes mit der Bildung eines hellen Bereiches. Wir können also die Jahresringgrenzen recht leicht erkennen.

Die Dicke eines gesamten Jahresringes hängt natürlich sehr stark vom Versorgungsgrad des Baumes ab. Bei guter Nährstoffversorgung haben

Schnitt in einen Baumstamm.

wir einen breiten Jahresring, während wir bei schlechterer Versorgung einen dünneren Jahresring bekommen. Das Dickenzuwachs pro Jahr kann also sehr stark beeinflußt werden.

Jeder Holzjahresring hat nur einen begrenzten Zeitraum, in dem er Wasser leiten kann (bei Kiefern ca. 15 Jahre, bei Eichen ca. 1,5 Jahre). Dann werden die Leitungsbahnen langsam verschlossen und dienen nur noch der Festigung des Holzkörpers.

Während das Kambium nach innen neue Holzzellen bildet, gibt es nach außen neue Rindenzellen ab. Auch hier kommt es in jedem Jahr zur Bildung eines Jahresringes. Jeweils der neue Rindenjahresring übernimmt den Transport von Photosyntheseprodukten aus den Blättern bis hin zu den Wurzeln. Die älteren, äußeren Jahresringe werden zur Borke, der schützenden Außenhaut des Baumes. Je nachdem, ob in den äußeren Jahresringen noch einzelne teilungsfähige Zellinseln sind oder nicht, bleibt die Borke über viele Jahre glatt oder wird rissig.

In jedem Jahr nimmt der Durchmesser des Stammes zu. Im Holzteil wird die Durchmesserzunahme durch Aufsetzen neuer Zellschichten auf den letztjährigen Jahresring vorgenommen. Im Rindenteil drängt sich ein

Das zeitige Frühjahr ist die richtige Zeit für einen Formschnitt. Vor allem im Kronenbereich wächst jeder Bonsai besonders stark. Wird er hier nicht stark zurückgeschnitten, wird das Wachstum in der nächsten Wachstumsperiode besonders stark sein, während die anderen Baumteile im Wachstum zurückbleiben.

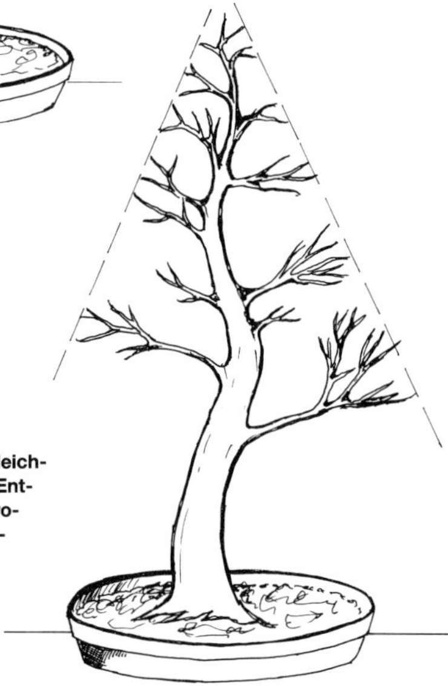

Die Astsilhouette soll ein ungleichschenkliges Dreieck bilden. Entsprechend muß gerade im Kronenbereich besonders stark zurückgeschnitten werden. Wir bringen durch den Schnitt die Säfteverteilung in ein gutes Gleichgewicht zwischen den einzelnen Baumteilen.

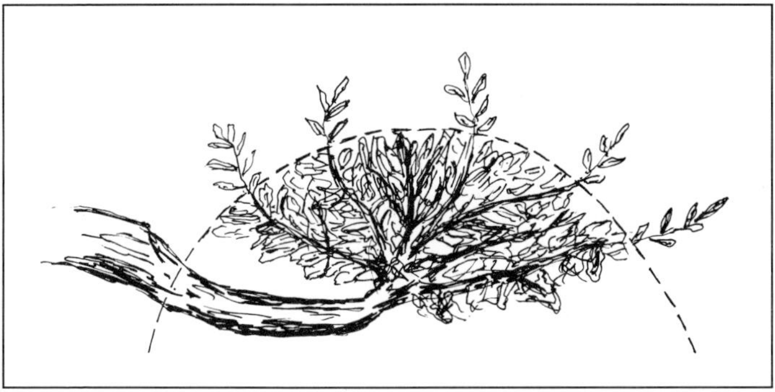

In der Wachstumszeit werden alle neuen Triebe, die über die Silhouette hinausragen, beschnitten.

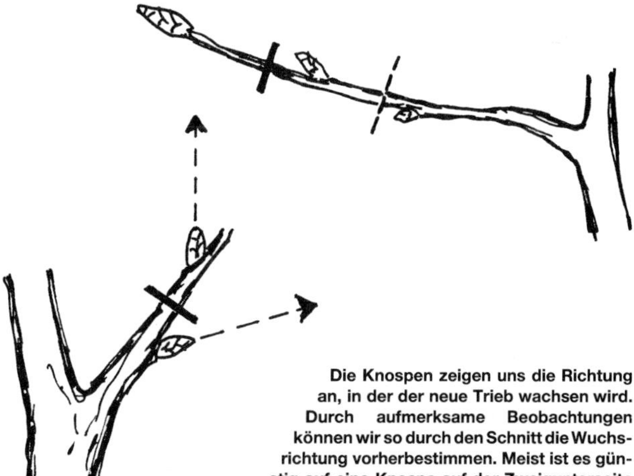

Die Knospen zeigen uns die Richtung an, in der der neue Trieb wachsen wird. Durch aufmerksame Beobachtungen können wir so durch den Schnitt die Wuchsrichtung vorherbestimmen. Meist ist es günstig auf eine Knospe auf der Zweigunterseite zurückzusetzen. Knospen auf der Zweigoberseite neigen zu steilem, schnellem Wachstum, was schnell die Form beeinträchtigen kann.

neuer Jahresring von innen dazwischen, was Spannung auf die äußeren Rindenbereiche bringt. Wenn die äußeren Jahresringe der inneren Spannung nicht begegnen können, reißt die Borke entweder in charakteristischer Weise ein oder die äußeren Rindenschichten werden abgeworfen (Beispiel: Dreispitzahorn, Birke).

Baumscheiben tropischer Arten zeigen zwar im Prinzip den gleichen Aufbau, die Ringstrukturen im Holzkörper sind aber keine Jahresringe. Jeder einzelne Ring stellt lediglich eine Wachstumsperiode dar. Da wir aber hier keinen deutlich unterscheidbaren Jahreszeitenwechsel haben, ist ein Wachstumsring auch nicht mit einem Jahr identisch. Bei tropischen Bäumen können wir durch Abzählen von Holzringen nicht das Alter bestimmen.

Formkorrektur mit Hilfe von Draht

Um die Form des Stammes und der Äste zu beeinflussen, wird häufig Draht um die zu korrigierenden Baumteile gewunden. Der Draht ist aber immer nur ein Gestaltungshilfsmittel, nie aber ein Gestaltungsmerkmal. Damit will ich sagen, daß ein kleinerer Baum nicht schon dadurch zum Bonsai wird, weil er mit Draht umwickelt wurde. Das Gegenteil ist richtig. Das Ziel sollte sein, daß der Bonsai sich uns irgendwann ohne Draht präsentieren kann.

Was bewirkt der Draht?

Wir wollen bei Bonsai einem kleinen Baum das Aussehen seines großen Bruders in der freien Natur in Miniatur geben. Dazu ist es vielfach notwendig, Form und Wuchsrichtung des Stammes, der Äste und Zweige zu verändern. Immer wieder versucht der Baum, neue Triebe möglichst gerade nach oben wachsen zu lassen. Dieser Tendenz müssen wir entgegenarbeiten. Am effektivsten kann das mit Hilfe von Draht erfolgen.

In der freien Natur bewirken Schneelasten, Wind und Eigengewicht im Laufe der Jahre solche Formveränderungen. Der Draht wird zum Gerüst, durch dessen Zwang nun die Richtung vorgegeben wird. Der Draht läßt sich in eine beliebige Richtung biegen und leitet damit den jeweiligen Trieb in diese Richtung.

Ist der Draht in der richtigen Dicke angelegt, reagiert der Baum darauf mit einem beeinflußten Dickenwachstum, er stabilisiert die neue vorgegebene Wuchsrichtung mit Hilfe der neuen Jahresringe. Immer geht das über eine Anregung des Kambiums, weil nur von ihm das Wachstum ausgeht. Grundsätzlich reagiert das Kambium auf Zwang mit verstärkten Teilungsaktivitäten, die an Druckstellen besonders stark sind.

Nach mehr oder weniger langer Zeit hat sich der Baum so in seiner neuen Form stabilisiert, und der Draht kann wieder entfernt werden.

Haben wir zum Beispiel mit Hilfe des Drahtes eine neue Biegung in den Stamm gebracht, reagiert er auf der Außenseite der Biegung mit der Bildung von mehr oder größeren Zellen, während er auf der Innenseite der Biegung kleinere oder weniger Zellen bildet.

Die richtige Zeit zum Drahten

Grundsätzlich kann man jeden Baum zu jeder Jahreszeit drahten. Natürlich gibt es je nach Baumart und Jahreszeit zum Teil ganz erhebliche Unterschiede.

Dünnborkige Bonsai müssen erheblich vorsichtiger gedrahtet werden als dickborkige. Zur Zeit des Hauptsaftstromes muß man entsprechend vorsichtiger arbeiten als in der Ruhezeit.

Will man dünnborkige Bonsai, wie die meisten Laubbäume, eindrahten, sollte man den Draht mit Kreppapier oder Reispapier als Polster umwickeln. Dazu schneidet man sich etwa 1 cm breite Papierstreifen und windet sie spiralförmig um den Draht. Bei jeder neuen Umdrehung sollte das Papier die vorherige Umdrehung leicht überlappen.

Frühling: Der Baum ist jetzt in vollem Saft, das Kambium produziert viele neue Zellen, das Dickenwachstum ist entsprechend stark. Jetzt ist der Baum zwar recht flexibel, es besteht aber sehr leicht die Gefahr, daß die Rinde vom Kambium abgequetscht wird. Neue Triebe sind sehr weich und können sehr leicht abbrechen.

Sommer: Weiterhin ist das Kambium voller Saft, immer noch ist die Gefahr groß, daß beim Drahten die Borke vom Holz abgelöst wird. Dünne Zweige haben sich hingegen halb verfestigt und können nun gefahrloser gedrahtet werden.

Ein Problem stellen in dieser Zeit sicherlich die Blätter der Laubbäume dar, die das Eindrahten stark behindern können. Natürlich muß zu jeder Zeit darauf geachtet werden, daß Blätter oder Nadeln nicht mit eingedrahtet werden, da sie absterben würden. Sollte in einzelnen Fällen das Miteindrahten von Laub nicht zu vermeiden sein, ist es zu entfernen.

Wegen des starken Dickenwachstums sollte jetzt auch nicht zu fest gedrahtet werden, schnell hat sich der Draht in die Borke eingedrückt.

Herbst: Der Saftstrom läßt langsam nach, die Gefahr des Wegdrükkens der Borke wird geringer. Die Flexibilität der Triebe ist noch recht gut, so daß die Triebe leicht gebogen werden können. Immer noch

Formarbeiten durch den Schnitt

Vielfach findet man bei Formungsarbeiten Situationen vor, die einen Schnitt erforderlich machen. Die Entscheidung, welche Äste und Zweige entfernt werden sollen, fällt manchmal recht schwer.

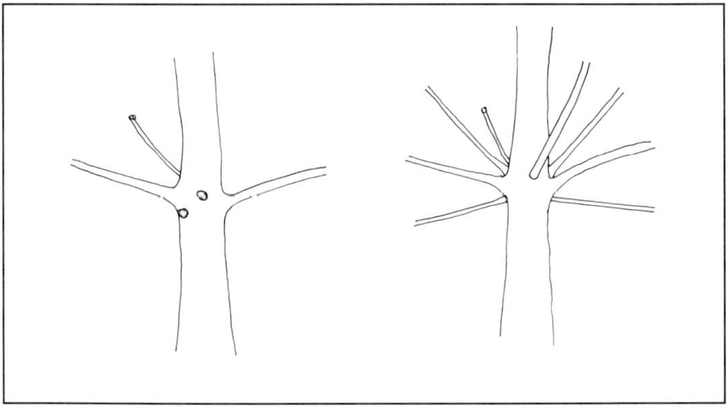

Bei einem Astquirl schneidet man bis auf 2–3 Zweige alle anderen ab.

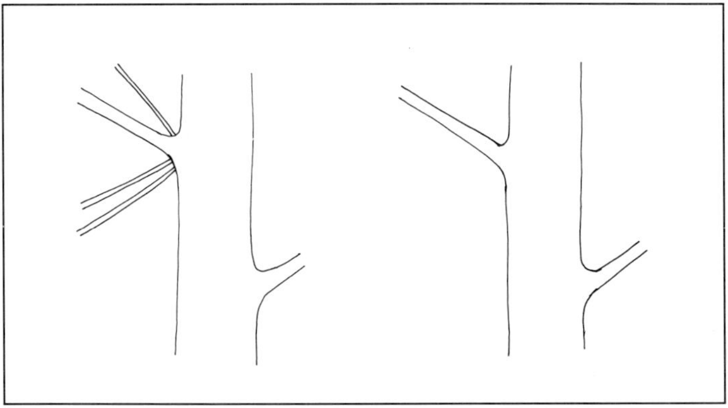

Entspringen am Ansatzpunkt eines stärkeren Astes noch schwächere Zweige, werden diese entfernt.

Formarbeiten mit Draht

Manchmal kann eine kleine Richtungsänderung des Astes oder Zweiges ihn besser in die Form passen. Hier wird dann mit Hilfe von Draht die Richtungsänderung eingeleitet.

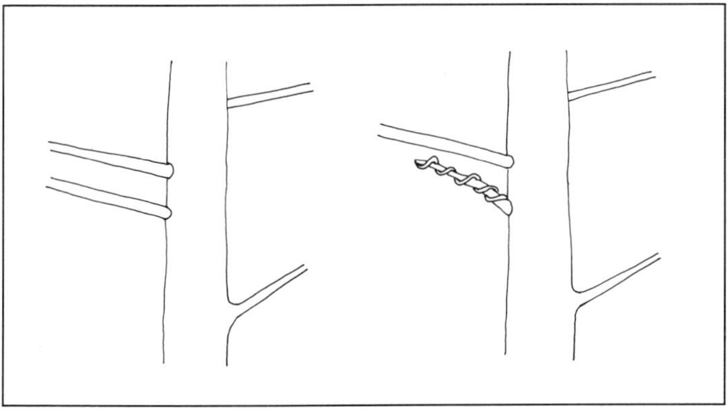

Zwei Äste stehen in verschiedenen Höhen genau übereinander. Hier wird einer der Äste nach vorn oder hinten gedrahtet.

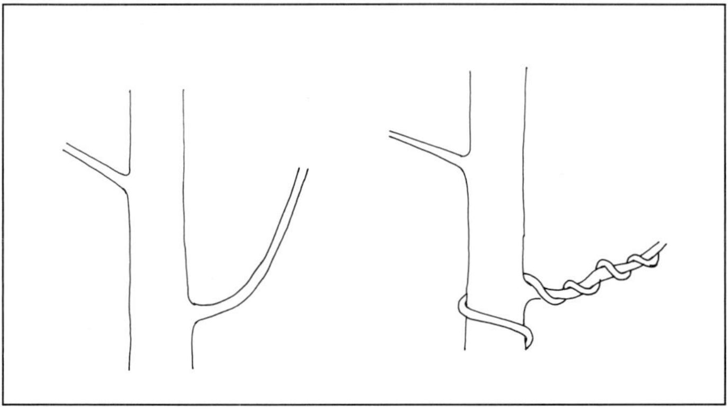

Ein Ast geht in einem Bogen steil nach oben. Wir drahten solch einen Ast in die Ebene zurück.

gelten aber die Vorsichtsmaßnahmen bei noch vorhandenem Laub, wie im Sommer.

Winter: Jetzt haben die Laubbäume ihre Blätter vielfach abgeworfen, die Astkonstruktion wird besser sichtbar und die Blätter können nicht mit eingedrahtet werden. Mit Vorsicht sind die fürs nächste Jahr angelegten Knospen zu behandeln, zu leicht werden bei unvorsichtigem Drahten die Knospen abgebrochen.

Durch den nur noch geringen Saftstrom hat auch die Flexibilität der Triebe stark abgenommen, starke Richtungsänderungen können nur mit größter Vorsicht vorgenommen werden.

Da das Dickenwachstum vollständig aufgehört hat, besteht nun nicht mehr die Gefahr, daß sich der Draht schnell in die Borke eindrückt.

Zeitiges Frühjahr: Für die meisten Bonsai die beste Jahreszeit zum Eindrahten. Der Saftstrom hat langsam begonnen, die Flexibilität der Triebe ist meist recht gut, und es stören keine Blätter an den Laubbäumen. Vorsicht ist natürlich bei den Knospen, wie im Winter, geboten. Wegen der beginnenden Wachstumszeit sollte der Draht nicht zu fest angelegt werden.

Für tropische Bäume gelten die gleichen Regeln wie für die Freilandbonsai im Sommer.

Technik des Drahtens

Um die Gefahr des Abbrechens eines Astes beim Drahten möglichst klein zu halten, sollte der Bonsai so trocken als möglich sein. Das heißt natürlich nicht, daß die Erde vollständig ausgetrocknet sein sollte, der Baum wäre der Gefahr des Absterbens ausgesetzt. Die Erde darf gerade so trocken sein, daß normalerweise gegossen werden sollte. Jetzt ist der Zellinnendruck so niedrig wie möglich und die Gefahr des Aufplatzens der Zellwände so klein wie nötig.

Ein guter Vergleich ist hier ein Luftballon. Ist der Ballon bis zu den Grenzen seiner Belastbarkeit aufgeblasen, platzt er beim Verbiegen viel schneller als ein halb aufgeblasener Ballon.

Wir drahten also keinen Bonsai direkt nach dem Wässern oder nach einer längeren Regenperiode.

Bei starkborkigen Bäumen kann es abweichend hilfreich sein, die Borke eine halbe Stunde vor dem eigentlichen Drahten mit Wasser einzusprühen. Dadurch wird die Rinde ein wenig biegsamer und reißt nicht so schnell auf.

Auf keinen Fall sollten der Stamm oder die Äste in alle möglichen Richtungen verbogen werden, um die richtige Stellung herauszufinden. Wird in eine Richtung gebogen, werden die Zellen auf der Innenseite zusammengedrückt, während sie gleichzeitig auf der Außenseite gestreckt sind. Führt man nun ständig wechselnde Verbiegungen durch, kommt es möglicherweise zu Zerquetschungen der Zellen ringsherum, und der Ast stirbt ab.

Um ein Abbrechen des Astes zu vermeiden, wird der Ast in die gewünschte Richtung gebogen und erst dann eingedrahtet. Während des Drahtens sollte der Ast auf der Unterseite mit dem Daumen unterstützt werden.

Eine kranke oder vor ein, zwei Wochen umgetopfte Pflanze sollte auch nicht gedrahtet werden. Es könnten beim Drahten neu gebildete, zarte Wurzeln abreißen; nach einer Wartezeit von mindestens einem Monat ist der Wurzelbereich ungefährdet.

Es ist sinnvoll, einen notwendigen Formschnitt vor dem Drahten vorzunehmen, so vermeidet man unnötige Arbeit.

Einzelne Pflanzenteile können bei vorsichtiger Vorgehensweise bis zu 180° verdreht werden. So einschneidende Maßnahmen bergen aber immer die Gefahr, daß sich die Rinde ringförmig ablöst und damit der Ast abstirbt; Fingerspitzengefühl muß man bei solch einer Aktion auf jeden Fall haben.

Kurz bevor ein Ast beim Verbiegen zu brechen beginnt, merkt man ein leichtes Knacken. Der Knackpunkt läßt sich recht leicht feststellen, wenn man die Fingerspitzen der Führhand im Bereich der stärksten beabsichtigten Biegung hält. Jedes kleine Stückchen mehr Biegung wäre mit dem Verlust des Astes zu bezahlen.

Bestimmen der richtigen Drahtstärke

Eine Drahtung kann nur dann Erfolg haben, wenn der Draht stark genug ist, die geplante Formkorrektur auch tatsächlich vorzunehmen. Entsprechend arbeitet man immer mit einem Draht, der ein wenig stärker ist als unbedingt notwendig.

Die Faustregel lautet: der Draht hat etwa ⅓ der Dicke des zu korrigierenden Baumteils. Für einen Ast mit 3 cm Durchmesser nimmt man also einen Draht von 1 cm Stärke.

Hat man sich in der Drahtstärke verschätzt und die gewünschte Stabilität wurde nicht erzielt, ist es sinnvoll, parallel zum ersten Draht einen zweiten Draht mit gleicher Dicke zu führen. Manchmal ist es sogar erforderlich, drei oder vier parallele Drähte zu verwenden. Dabei sollten, um die gewünschte Drahtstärke mit mehreren Drähten zu erreichen, die einzelnen Drähte auf keinen Fall miteinander verflochten werden. Die Kreuzungspunkte sind besonders unerfreuliche Druckpunkte, die man später als unschönes Muster auf der Rinde wiederfinden wird.

Der Bonsai wird gedrahtet

Die Drahtung erfolgt immer von unten nach oben und von innen nach außen.

Es werden nur die Baumteile eingedrahtet, die wirklich einer Korrektur bedürfen. Es ist unsinnig, Baumteile mit Draht zu umwickeln, die bereits ihre endgültige Form erreicht haben.

Der Draht sollte im 45° Winkel angelegt werden. Natürlich brauchen wir hierzu keinen Winkelmesser. Der Winkel sollte nur weder deutlich überschritten, noch deutlich unterschritten sein.

Bei einem zu großen Winkel wird die gewünschte Stabilität nicht erreicht, während ein zu kleiner Winkel den Saftstrom nur unnötig behindert.

Beim Drahten arbeiten wir grundsätzlich beidhändig. Während die eine Hand den Baumteil sichert und gleichzeitig den Draht leitet, windet die andere Hand den Draht um den Pflanzenteil. Dazu greift die „Wickelhand" den Draht möglichst weit außen. So können wir sicherstellen, daß der Draht nicht zu fest angelegt wird.

Das jeweilige Drahtstück sollte etwa um ⅓ länger sein als der jeweilige Baumteil. Durch das spiralförmige Anlegen des Drahtes gehen wir einen viel längeren Weg bis zur Pflanzenteilspitze.

Drahtung der einzelnen Baumteile

Stamm: Auf der Rückseite des Stammes steckt man das freie Drahtende in einem Winkel von 45° möglichst direkt am Stamm tief ins Erdreich. Bei der Auswahl der richtigen Drahtstärke orientiert man sich an der dicksten Stelle des Stammes, die eine Korrektur benötigt. In 45° Schwüngen arbeiten wir bis zur Spitze durch.

Äste: Nach Möglichkeit werden etwa gleichstarke Äste mit einem gemeinsamen Draht umwunden. Hier geben sich die beiden Äste gegenseitig die nötige Stabilität.

Je nach Stellung gleichstarker Äste wendet man verschiedene Techniken an.

Die Äste sitzen in verschiedenen Höhen: Das ist der häufigste Fall. Ankerpunkt ist hier der Stamm. Auf der Rückseite des Stammes am

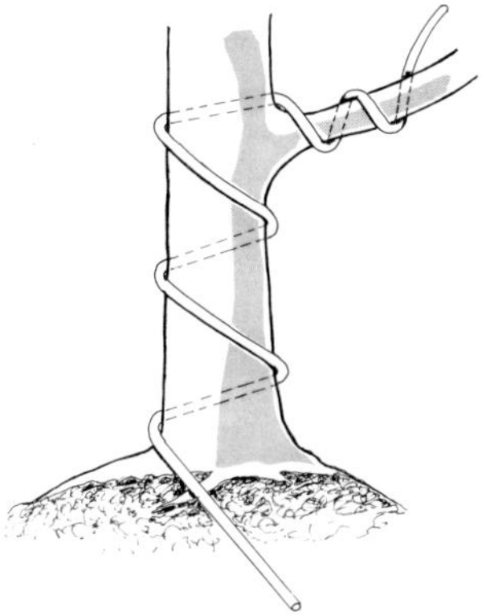

Hauptast.

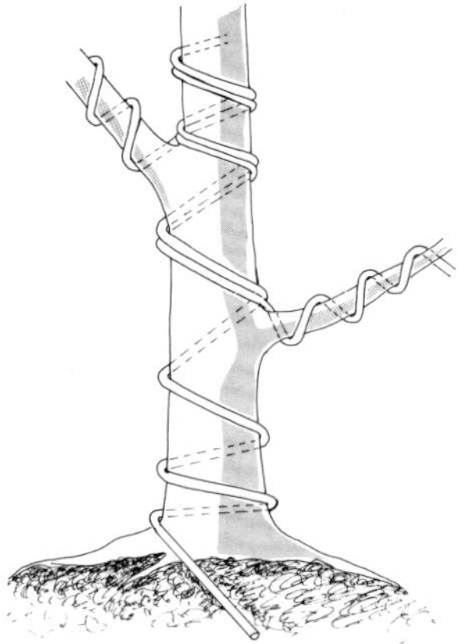

Zwei Äste voneinander entfernt.

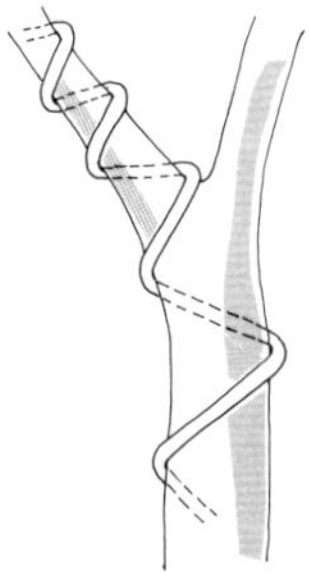

richtig

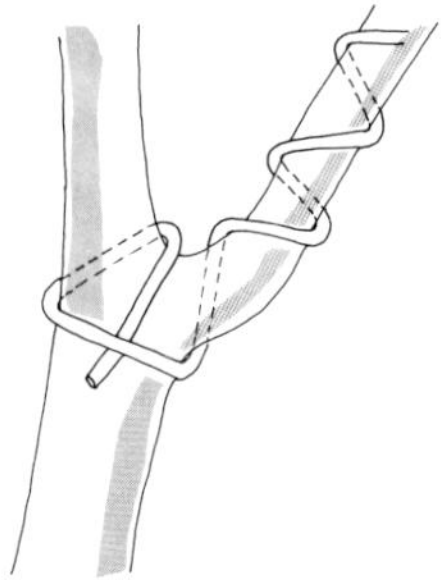

falsch

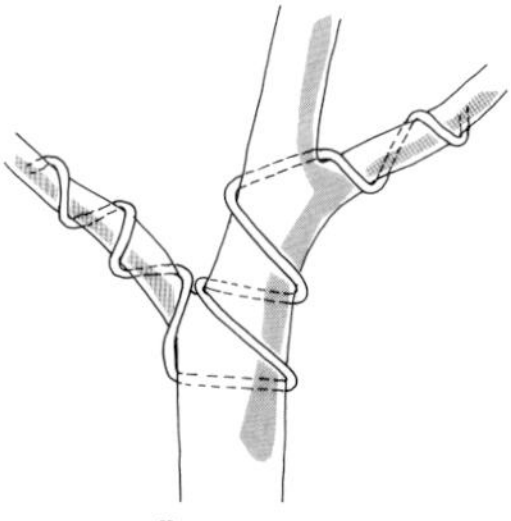

Zwei Äste nah beieinander.

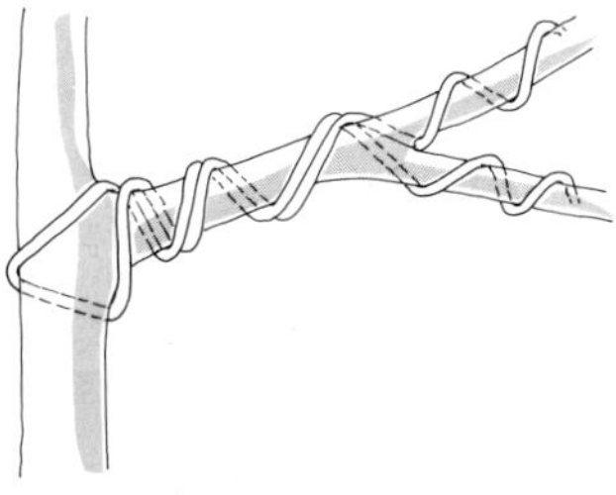

Gegabelte Zweige.

Abzweig des unteren Astes legen wir den Draht an. Nun führen wir den Draht zur Vorderseite, gehen mit ihm zur Oberseite des Astes und führen einige Windungen aus. Sodann führen wir den Draht in Windungen am Stamm aufwärts, bis wir oberhalb des zweiten Astes sind. Die erste Windung am oberen Ast wird von oben nach unten ausgeführt. Jetzt hat der Draht am Stamm seine Fixierung und wir können den oberen Ast ganz eindrahten. Anschließend wird der untere Ast endgültig durchgedrahtet.

Zum untersten Ast (Hauptast) gibt es keinen gleichstarken Ast: Hier beginnen wir wie bei der Stammeindrahtung. Der Draht wird zur Fixierung auf der Rückseite des Stammes in die Erde gesteckt. Dann gehen wir parallel zu der Stammeindrahtung in Windungen nach oben, bis wir oberhalb des Astes sind. Jetzt wird der Ast genauso eingedrahtet wie der obere von zwei Ästen.

Zwei Äste bilden eine Astgabel: Wieder setzen wir den gemeinsamen Draht auf der Rückseite der Gabel an, kommen dann mit beiden Drahtenden auf die Vorderseite und führen diese nach hinten durch die Astgabel. Zunächst führen wir einige Windungen an dem einen Ast durch und drahten dann den anderen Ast ganz ein. Erst danach wird der erste Ast vollständig durchgedrahtet.

Gegenständige Äste: Befinden sich in einer Höhe am Stamm zwei oder mehrere Äste, so werden in der Regel bis auf einen Ast alle anderen entfernt. Meist wirken solche Baumabschnitte zu symmetrisch und damit künstlich.

Erlaubt sind aber gegenständige Zweige an einem Ast.

Die hier angewendete Technik ist ein wenig schwieriger, besteht doch die Gefahr, eine „Schaukel" zu bauen. Ohne einen zusätzlichen Fixierungsbereich ist eine solche Stelle sehr instabil. Wir beginnen diesmal auf der Unterseite der beiden Äste. Der eine der beiden Zweige wird zunächst normal eingedrahtet. Dann führen wir das freie Drahtende oben schräg über den Ast, gehen anschließend wieder zur Unterseite und kommen über die Oberseite des Zweiges zur eigentlichen Drahtung.

Gegabelte Zweige: Hierbei wird die notwendige Festigkeit am Stamm oder dem Ast gesucht. Der Draht wird dabei um den „Ankertrieb" gelegt und die beiden Enden dann parallel bis zur Gabelung geführt. Erst hier gehen die beiden Drahtenden wieder „getrennte Wege".

Zum Schluß noch einige Bemerkungen zur jeweiligen Wickelrichtung des Drahtes:

1. Der Draht sollte immer auf der Außenseite einer Biegung entlanglaufen.
2. Sollen die Äste abwärts geneigt werden, kommt auch die Drahtführung jeweils von oben auf den Ast zu.

3. Wenn die Korrektur die Äste aufwärts drücken soll, muß auch die Drahtführung von unten kommen.

4. Äste auf der rechten Seite des Baumes werden durch Wickeln des Drahtes im Uhrzeigersinn nach hinten gedrückt. Wickeln im Gegenuhrzeigersinn holt die Äste nach vorne.

5. Bei linksstehenden Ästen arbeitet man genau umgekehrt. Wickeln im Uhrzeigersinn drückt den Ast nach hinten, Wickeln im Gegenuhrzeigersinn holt die Äste nach vorne.

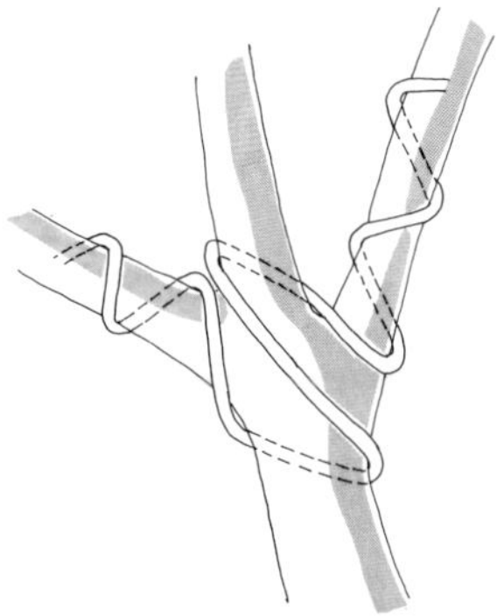

Gegenständige Äste.

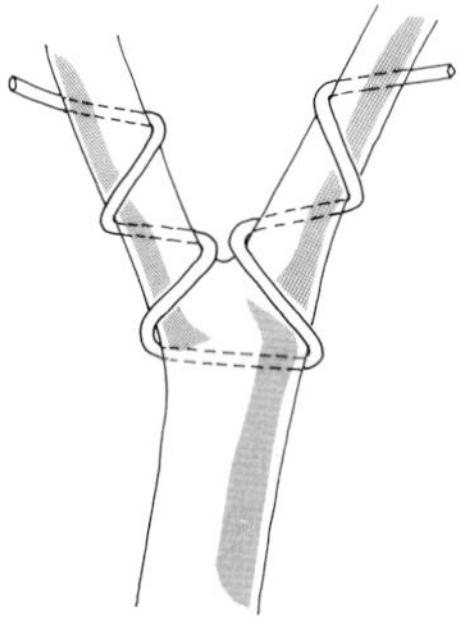

Gegabelte Zweige.

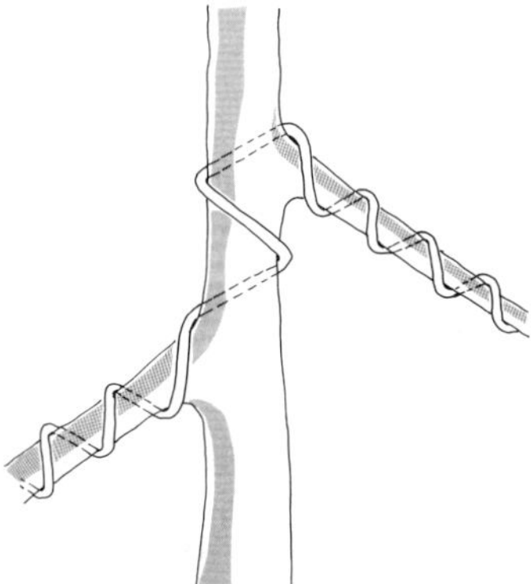

Äste nach unten.

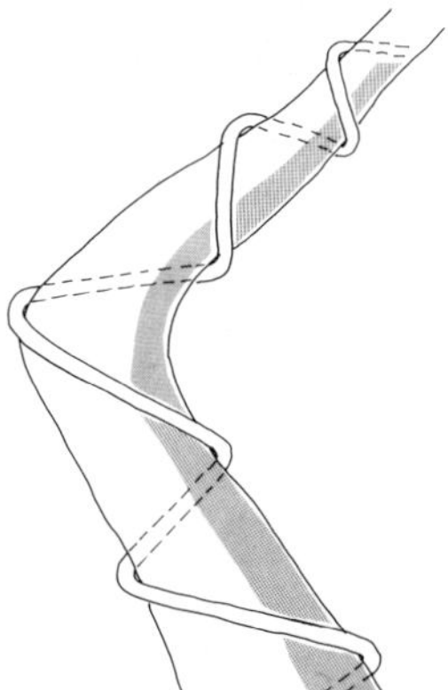

Drahtführung an einer Biegung.

Wie lange verbleibt der Draht am Baum?

Verschiedene Faktoren müssen berücksichtigt werden, um zu entscheiden, wie lange der Draht am Baum verbleiben kann.

1. Je jünger der Bonsai ist, um so stärker ist sein Dickenwachstum und um so schneller beginnt sich der Draht in die Borke einzudrücken. Bei ganz jungen Bäumen (bis ca. 5 Jahre alt) muß der Draht häufig schon nach 6 Monaten entfernt werden, während bei sehr alten Bonsai (ab ca. 25 Jahren Alter) der Draht mehrere Jahre verbleiben kann.

2. Bäume mit recht biegsamem Holz, wie Wacholder, Zedern, Kiefern und die meisten tropischen Arten, brauchen länger, bis sich das Holz in der neuen Richtung stabilisiert hat, als Bäume mit härterem Holz, wie Azaleen oder Ahorne.

3. Ältere Baumteile brauchen wegen ihres hohen Anteils an „totem“, unflexiblem Holz länger für die Verfestigung in der neuen Richtung als jüngere Holzteile. Entsprechend beginnt an den Triebspitzen auch viel früher das Überwallen des Drahtes.

4. Triebe bis etwa 1,5 cm Dicke müssen häufig schon nach 4–5 Monaten wieder entdrahtet werden. An allen dickeren Trieben kann der Draht etwa 1–2 Jahre verbleiben.

5. Wir beobachten den eingedrahteten Trieb besonders gut an den Stellen, wo der Draht viel Druck ausübt, also in der Nähe von Biegungen. Beginnt der Baum den Draht hier zu überwallen, sollte er entfernt werden.

6. Nach dem Entdrahten beobachtet man die entsprechenden Baumteile sehr genau. Es kann geschehen, daß sich die nun wieder freien Baumteile ganz langsam in ihre alte Lage zurückbewegen, die Drahtung hatte also noch keinen Erfolg. In diesem Fall muß der entsprechende Baumteil neu eingedrahtet werden.

Richtig angelegter Draht kann, auch wenn er vollständig überwallt wird, den Bonsai nicht umbringen. Wohl aber hinterläßt überwallter Draht recht häßliche Narben auf der Borke.

Der Draht wird entfernt

Sobald sich der eingedrahtete Baumteil in der neuen Form stabilisiert hat oder der Draht droht, überwallt zu werden, muß er entfernt werden.

Damit keine Probleme auftreten, gibt es einige Grundsätze zu beachten:

1. Üblicherweise sollte man den Draht nicht abwickeln, da die Gefahr sehr groß ist, daß Äste oder Zweige abgebrochen oder verletzt werden.

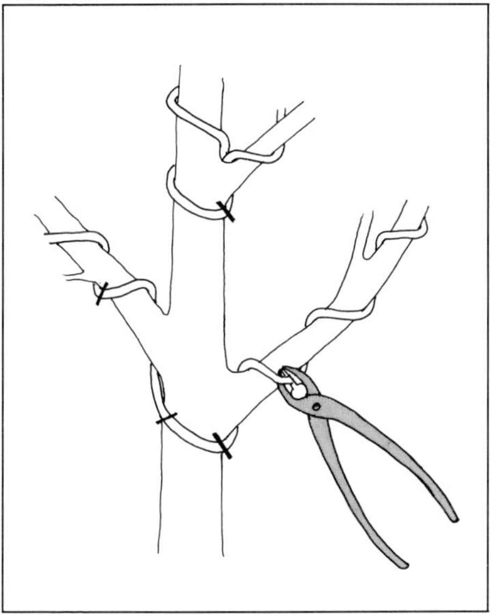

Mit der Drahtzange wird der Draht Schlaufe für Schlaufe durchgekniffen und dadurch entfernt. Ist der Draht stark eingewachsen, werden die einzelnen Schlaufen nur durchgekniffen, der Draht aber am Baum belassen.

Lediglich ganz dünne Drähte (bis 1 mm Stärke) kann man ganz vorsichtig abwickeln.

2. Das richtige Werkzeug zum Entdrahten ist die Bonsai-Drahtzange. Dieses Spezialwerkzeug arbeitet nach dem Prinzip des Seitenschneiders, wobei aber die beiden Backen wie die Schneiden einer Schere aufeinander zugreifen. Wegen der günstigen Hebelverhältnisse können selbst dicke Drähte auch von schwächeren Personen problemlos durchgekniffen werden.

3. Beim Entdrahten arbeiten wir in umgekehrter Reihenfolge zum Eindrahten. Wir entfernen den Draht von oben nach unten und von außen nach innen. So beginnen wir mit den dünnen Drähten und kommen dann zu immer dickeren Drähten.

4. Die Drähte werden Windung für Windung durchgekniffen, wodurch sie Stück für Stück herabfallen.

5. Ist der Draht bereits an einigen Stellen oder sogar vollständig überwallt, wird er auf keinen Fall gewaltsam herausgerissen, sondern verbleibt am Baum. Beim Herausreißen eingewachsener Drahtstücke entstehen sehr schlecht heilende Wunden in der Rinde. In solch einem Fall wird der Draht lediglich segmentweise durchgekniffen, um dem Saftstrom eine Entlastung zu gewähren.

Nadelbäume

Mädchenkiefer
(Pinus pentaphylla var. himekomatsu)
Jap.: Goyo-matsu

In der freien Natur wird die **Mädchenkiefer** 5–12 m hoch, wächst in der Jugend dicht pyramidenförmig mit aufwärts gerichteten Ästen, die im Alter dann eine abgeflachte Krone mit waagrechten oder leicht abwärts geneigten Ästen ausbildet.

Typisch für diese Baumart sind die fünf Nadeln, die aus einer gemeinsamen Blattscheide kommen. In der Natur bleiben die Nadeln 3–4 Jahre an den Trieben, werden im Herbst braun und dann abgeworfen.

In der Bonsai-Gestaltung werden meist zwei unterschiedlich aussehende Sorten verwendet:

1. **Sämlinge:** An ihnen fällt die graubraune Rinde auf, die viele Jahre relativ glatt bleibt und sich erst dann in dünnen Schuppen ablöst. Wir bekommen also keine allzu rissige Borke.

Die Nadeln sind grasgrün, nie dunkelgrün.

Sämlinge sind etwas empfindlicher gegen strenge Winter. Hier sollte der Wurzelballen auf jeden Fall gegen Durchfrieren geschützt werden.

2. **Pfropflinge:** Die weitaus meisten Mädchenkiefern sind sogenannte Pfropflinge. Einem bewurzelten Schwarzkiefernstämmchen (Unterlage) wurde ein Mädchenkiefernzweig (Edelreis) aufgesetzt. Während nun die Unterlage ihre typische starkrissige Borke ausbildet, sind die Nadeln des Edelreises tief dunkelgrün.

Pfropflinge sind robuster und dichter wachsend als Sämlinge.

Standort: Mädchenkiefern lieben einen sonnigen Standort, im Halbschatten wird das Laub etwas dunkler. Leider werden die Nadeln aber etwas länger.

Gießen: Im Frühjahr sparsam gießen, damit die aus den Knospen wachsenden Kerzen und die Nadeln nicht zu lang werden.

Im Sommer bis zum nächsten Wässern warten, bis die Erdoberfläche trocken wird. Auf ständig „nasse Füße“ reagiert sie sehr empfindlich, weil dann der Symbiosepilz abstirbt.

Düngen: Im Frühjahr organischer Dünger mit vermindertem Stickstoffanteil. Erst mit Düngen beginnen, wenn die Nadeln zur Hälfte aus den Scheiden gekommen sind. Bis Ende August mit organischem Dünger (z. B. Bonsai-Dünger für Nadelgehölze) im angegebenen Rhythmus düngen. Ab Anfang September bis zum nächsten Frühjahr nicht düngen.

Erde: Mit hohem Anteil an scharfem Sand, mit guter Drainagewirkung. Alle feinen Sandanteile vor dem Verwenden aussieben.

Umpflanzen: Es ist völlig überflüssig, Mädchenkiefern jährlich umzupflanzen.

Junge Bäume werden alle 2–3 Jahre, ältere Bonsai alle 5–6 Jahre mit neuer Erde versorgt. Umpflanzzeiten sind das zeitige Frühjahr und Ende August. Der Augusttermin gibt den Bäumen die Chance, noch vor dem Winter neue Wurzeln zu bilden und auszuhärten.

Formerhaltung: Dichte Nadelpolster erhalten wir durch das Entfernen und Einkürzen von Kerzen.

1. Die Mädchenkiefer bildet im Herbst Knospen in Gruppen von zweien und mehr an den Triebspitzen aus.

2. Diese Knospen verlängern sich im Frühjahr zu Kerzen.

3. Nicht benötigte Kerzen werden mit den Fingern ganz herausgebrochen. Meist läßt man 2 Kerzen, die im Winkel von 90° zueinander stehen, pro Knospengruppe weiterwachsen.

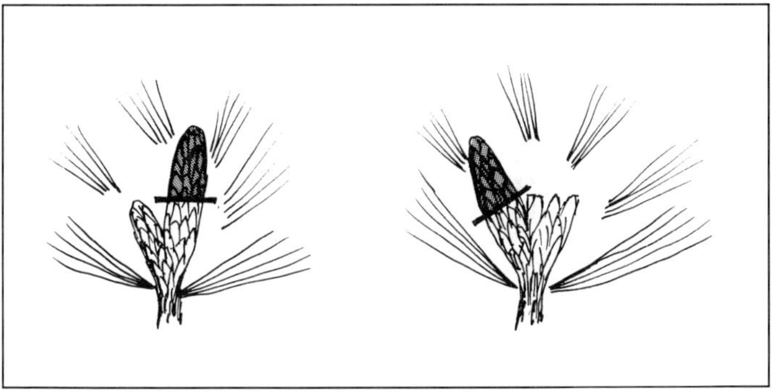

4. Die verbliebenen Kerzen werden, kurz bevor sich die Nadeln herausschieben, eingekürzt. Einkürzen können wir irgendwo auf der ganzen Länge der Kerze durch Abdrehen mit den Fingern. Meist läßt man etwa ⅓ der einzelnen Kerze stehen. Es sollten aber nicht alle Kerzen gleichzeitig eingekürzt werden, sondern nach Entwicklungsstand der jeweiligen Kerze. Zunächst kürzt man also die längeren Kerzen ein und erst, wenn die anderen Kerzen den Entwicklungsstand der vorherigen Kerzen haben, auch diese ein.

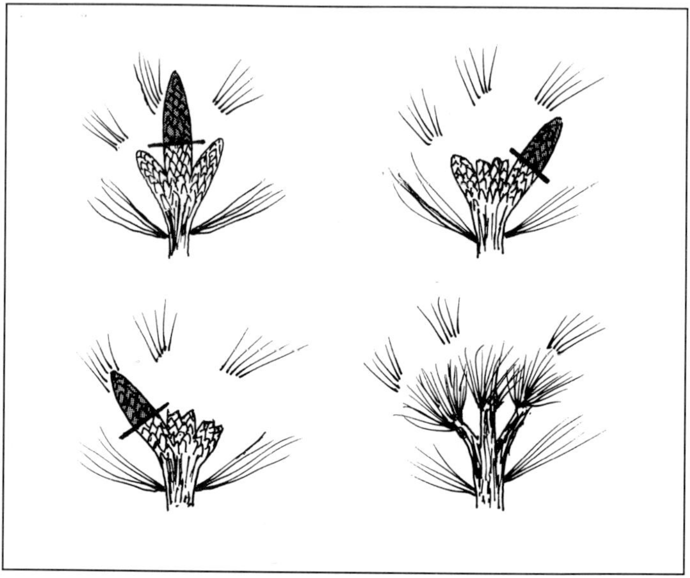

5. Zur Triebverlängerung läßt man die jeweiligen Kerzen einfach durchtreiben und beginnt erst in späteren Jahren mit der Ausformung eines dichten Nadelpolsters.

Formverbesserung: Manchmal ist es notwendig, auch dickere Äste und Zweige zu entfernen, um eine ausgewogene Form zu erhalten.

Es gibt zwei Möglichkeiten:

1. Der Ast wird ganz dicht am Stamm abgeschnitten.
2. Bis auf einen Stumpen von 2–3 cm wird zurückgeschnitten, man läßt diesen zurücktrocknen und entfernt ihn erst im nächsten Jahr ganz.

Die zweite Methode ist etwas sicherer für den Baum. Grundsätzlich fließt aus jeder größeren Wunde an einer Kiefer Harz aus. Das geschieht unabhängig davon, ob man die Wunde mit einem Wundverschlußmittel behandelt hat oder nicht.

Erfahrungsgemäß blutet eine Wunde unmittelbar am Stamm viel länger, als wenn man einen Stumpen stehen läßt. Nach Methode 2 kommt es also nicht zu einem eventuellen Verbluten des Baumes, was bei Methode 1 aber möglich ist.

Drahten: Im Winter, wenn der Baum nicht durchgefroren ist.

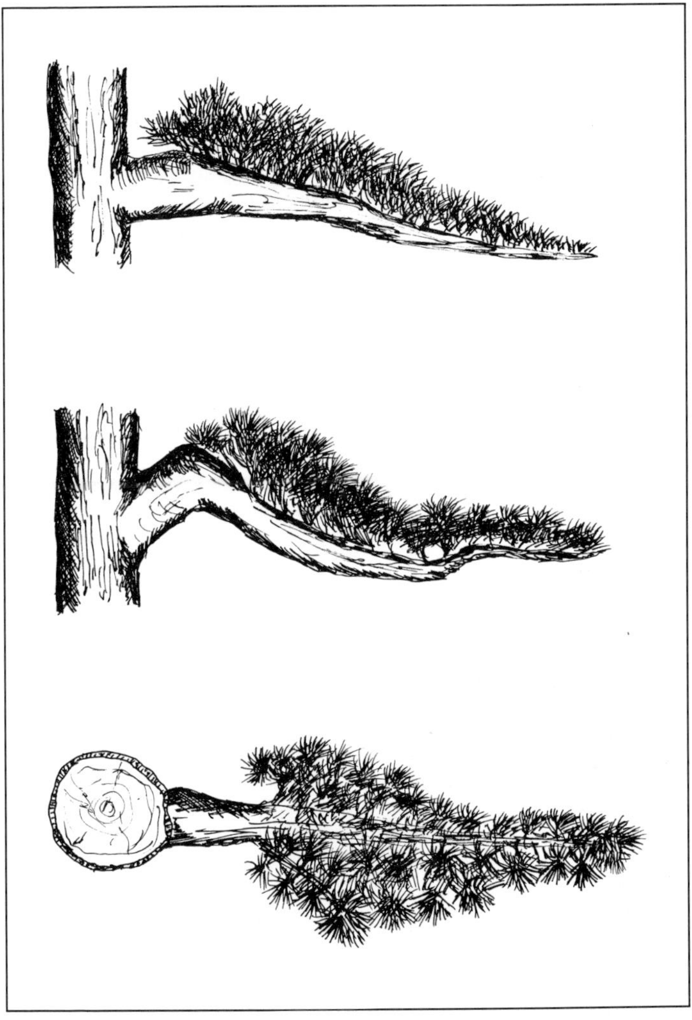

Von der Seite und von oben betrachtet, sollte der Ast mit seinen Zweigen und seiner Belaubung ein ungleichschenkliges Dreieck bilden. Nach Möglichkeit sollte die Astführung mit leichten Schwüngen versehen sein.

Schwarzkiefer
(Pinus thunbergiana) und
Korkschwarzkiefer
(Pinus thunbergiana var. corticosa)
Jap.: Kuro-matsu

Die japanische **Schwarzkiefer** gehört zur Gruppe der zweinadeligen Kiefern, d. h. es kommen immer zwei Nadeln aus einer gemeinsamen Blattscheide.

In der freien Natur wird der Baum etwa 20 m hoch, hat eine breite Krone mit etwas hängenden Ästen, deren Spitzen nach oben gerichtet sind.

Die Nadeln verbleiben etwa drei Jahre am Baum und sind dunkelgrün. Die Borke ist schwarzgrau und unregelmäßig gefeldert.

Seit 1935 ist eine Abart der Schwarzkiefer bekannt, die eine besonders starkborkige Rinde ausbildet. In Japan wird sie als ‚Kyokko' nishiki-Schwarzkiefer bezeichnet.

Standort, Gießen, Düngen, Erde, Umpflanzen und Drahten: siehe Mädchenkiefer.

Formerhaltung: Auch hier ist das Formziel möglichst kurze Nadeln. Dies erreicht man mit der sogenannten Zweijahres-Methode:

1. Jahr:

Man läßt die Kerzen im Frühjahr heranwachsen und kürzt die Neutriebe, kurz bevor sich die Nadeln herausstrecken, auf ¼ der Gesamtlänge ein. Im Laufe der Wachstumsperiode bilden sich kleinere Knospen, aus denen Kerzen mit kürzeren Nadeln wachsen, so daß man die verbliebenen langen Nadeln abzupfen kann.

2. Jahr:

1. Bis etwa Mitte Juni haben sich die diesjährigen Triebe voll entwickelt. Die Nadeln sind bis zu diesem Zeitpunkt voll entwickelt, aber recht lang.
2. Ende Juni bis Anfang August werden die Neutriebe ganz entfernt.
3. Bis auf wenige Nadeln an der Spitze werden alle vorjährigen Nadeln abgezupft. Um die Rinde nicht unnötig zu verletzen, zupft man die Nadeln ruckartig gegen die Wuchsrichtung.
4. Bis Mitte August haben sich an der Spitze viele neue, kleine Knospen gebildet.
5. Bis Mitte Oktober haben sich aus den Knospen kleinere Kerzen mit kürzeren Nadeln gestreckt.

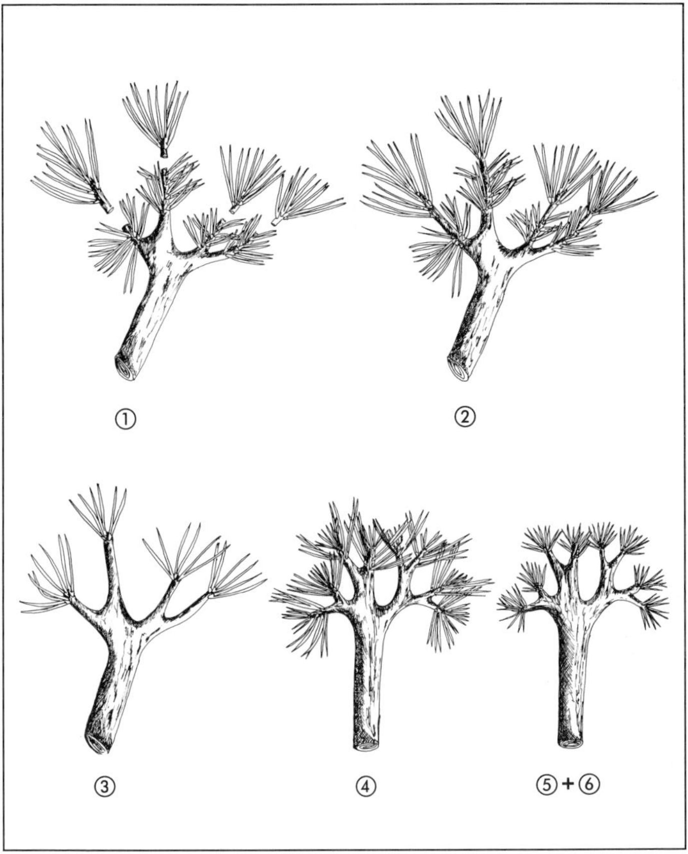

6. Im Winter werden die zu langen Nadeln abgezupft.

Jahr für Jahr wechselt man die beiden Methoden ab und erhält so eine Schwarzkiefer mit kompaktem Wuchs und kurzen, der Form entsprechenden Nadeln.

Formverbesserung: siehe Mädchenkiefer.

Chinesischer Wacholder
(Juniperus chinensis var. sargentii)
Jap.: Shinpaku

Vom **chinesischen Wacholder** gibt es viele verschiedene Unterarten und von denen wiederum viele Zuchtformen, die sich mehr oder weniger alle für die Formung zum Bonsai eignen.

In Japan wird für die Bonsaigestaltung der in Höhen von 1000 bis 1500 m vorkommende Bergwacholder (jap.: Miyama byakushin) verwendet. In der freien Natur ist sein Wuchs niederliegend mit einer Höhe von 0,5–0,8 m und einer Kronenbreite von 2–3 m. Alle Äste breiten sich flach kriechend über dem Boden aus.

Die Blätter sitzen dachziegelartig, eng anliegend an den Trieben. Wir finden zwei Sorten von Blättern: nadelartige und schuppenförmige.

Die nadelartigen (auch Jugendblätter) erscheinen meist nach einem starken Rückschnitt. Nach ca. 3 Jahren bilden sich an diesen Trieben die schuppenförmigen Blätter (auch Altersblätter).

Alle Blätter sind bläulichgrün, der Neuaustrieb ist mehr grasgrün und ist auf dem Rücken leicht gefurcht. Die Zweige werden erst sichtbar, nachdem die Blätter abgefallen sind. Die Borke löst sich in Streifen ab.

Standort: Das natürliche Siedlungsgebiet des Chinawacholders ist in Japan in größeren Höhen mit reiner Luft. Entsprechend liebt er einen sonnigen und warmen Standort. In der vollen Sonne prägen sich die schuppenförmigen Blätter besonders gut aus, während er im Schatten zur Bildung von nadelartigen Blättern neigt.

Im Schatten kränkelt er recht schnell und ist somit auch anfälliger für Schädlinge (besonders Spinnmilben). Kalte Nordwinde mag er im Winter nicht, obwohl er sich ansonsten Kälte gegenüber recht tolerant zeigt. Der Wurzelballen sollte aber auf jeden Fall gegen Durchfrieren geschützt werden. Auch im Winter bevorzugt er einen hellen Standort, da die Blätter sonst wegen Lichtmangels vergilben. Ein leichtes Braunwerden der Blätter im Winter ist normal.

Gießen: Der Wasserbedarf ist wie bei allen anderen Pflanzen stark vom Standort, der Jahreszeit und von der Erde abhängig. Wegen der recht großen Gesamtblattfläche ist der Wasserbedarf des Baumes gerade im Sommer hoch. Aber auch im Winter müssen wir die Erdfeuchte ständig kontrollieren. Gewässert wird mit Fingerspitzengefühl, d. h. die Erde sollte weder vollkommen austrocknen, noch sollte der Wacholder ständig nasse Füße haben. Auf Staunässe reagiert er sehr empfindlich.

Düngen: Der Chinawacholder gilt allgemein als recht hungrig. Bei zu geringer Düngung werden die Blätter heller, und er neigt vor allem verstärkt dazu, nadelartige Blätter auszubilden.

Wir beginnen mit dem Düngen im Frühjahr, wenn sich überall grasgrüne Triebspitzen gebildet haben. Die letzte Düngergabe erfolgt Ende August, Anfang September.

Im 4-Wochen-Rhythmus wird organischer Dünger verabreicht. Im Winter düngen wir nicht.

Erde: Dem natürlichen Standort entsprechend, fügen wir der Grundmischung etwas gelöschten Kalk bei. Der Boden wird dadurch leicht alkalisch (pH-Wert wenig größer 7). Die Erde sollte gut wasserdurchlässig sein und eine gute Drainagewirkung haben.

Umpflanzen: Alle 2–3 Jahre mit Wurzelschnitt.

Formerhaltung: Ziel der Formung sind dichte, wolkenförmige Blattpolster.

Im späten Frühjahr wird der Neuaustrieb um ⅓ bis ⅔ mit den Fingern zurückgezupft. Bei Verwendung einer Schere werden Blätter angeschnitten, die dann auslaufen und braune Triebspitzen hinterlassen.

Zunächst zupft man die Mitteltriebe, 2–3 Tage später sind die kürzeren Seitentriebe zurückzunehmen. Bei richtiger Anwendung dieser Technik während der ganzen Wachstumsperiode verzweigen sich die Triebe immer stärker und wir bekommen die angestrebten dichten Blattpolster. Dickere Äste und Zweige sind natürlich mit einer Schere einzukürzen.

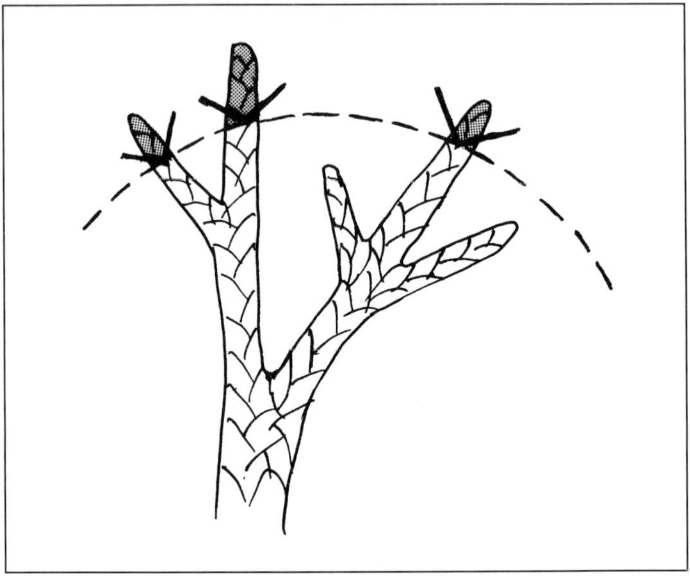

Nadelartige Triebe werden erst dann entfernt, wenn sich die schuppenförmigen Blätter bilden. Auch die nadelartigen Triebe zupft man zur besseren Verzweigung nach der gleichen Methode wie die schuppenförmigen Blätter.

Zu beachten: Ein starker Rückschnitt in der winterlichen Ruheperiode führt automatisch zur verstärkten Bildung von nadelartigen Blättern, während wir bei einem starken Rückschnitt in der Wachstumsperiode hauptsächlich schuppenförmige Blätter bekommen.

Formverbesserung: Da der Chinawacholder sehr alt werden kann, ist er an seinem natürlichen Standort auch lange den recht harten Witterungseinflüssen ausgesetzt. So führen starke Winde oder hohe Schneelasten immer wieder zu Astbrüchen und Entrindungen ganzer Bereiche. Das tote, freiliegende Holz wird von Regen und Sonne gebleicht und konserviert.

In der Bonsaigestaltung ahmen wir diese natürlichen Vorgänge nach, indem wir für die Gestaltung überflüssig gewordene Äste und Stammpartien entrinden und bleichen. So erhalten wir das Abbild eines alten, sturmerprobten Baumes.

Scheinzypressen
Feuer-Scheinzypresse (Chameacyparis optusa)
Jap.: Hinoki
Sawara-Scheinzypresse (Chameacyparis pisifera)
Jap.: Sawara

Die **Feuer-Scheinzypresse** wird ein 40 m hoher Baum mit spitz kegelförmiger, im Alter breit pyramidaler Krone. Der Stamm hat eine flach gefurchte, rotbraune Borke. Die Zweige sind feder- bis muschelförmig verzweigt und dicht von dachziegelartig angeordneten Schuppenblättern umkleidet.

Die Blätter sind sproßoberseits matt glänzend dunkelgrün, sproßunterseits dunkel graugrün mit weißen Spaltöffnungsstreifen. Nach 2–3 Jahren fallen die Blätter ab, und der rotbraune Trieb wird sichtbar.

Die **Sawara-Scheinzypresse** ist ein bis zu 50 m hoher Baum mit schmal kegelförmiger, locker verzweigter Krone. Der Stamm hat eine dünne, rotbraun gefärbte, längsrissige, sich in schmalen Streifen ablösende Borke.

Die Äste sind in der Jugend aufwärts gerichtet, später fast waagerecht abstehend oder leicht hängend.

Die Blätter sind ebenfalls schuppenartig, aber etwas stechend und verbleiben etwa 2–3 Jahre am Trieb. Sie sind oberseits der Sprosse matt glänzend dunkelgrün, unterseits graugrün mit silbrig-weißen Spaltöffnungsflecken.

Standort: Im Sommer leicht schattiert. Im Winter den Wurzelballen vor Durchfrieren schützen.

Gießen: Die Scheinzypressen brauchen sehr viel Wasser, sind aber gegen Staunässe außerordentlich empfindlich. Im Sommer ist es sinnvoll, zur Erhöhung der Luftfeuchtigkeit regelmäßig zu übersprühen.

Düngen: Vom Austrieb bis Ende August alle 4 Wochen mit halbkonzentriertem Flüssigdünger oder Kugeldünger.

Erde: Grundmischung oder (jap.) Bonsai-Erde, **keinen** Kalk beimengen.

Umpflanzen: Alle 2–3 Jahre kurz vor dem Austrieb.

Formerhaltung: Um die typische Fächerform der Zweige herauszuarbeiten, müssen die Triebe bis Ende August immer wieder um ⅔ zurückgezupft werden.

Die Leittriebe müssen wir zunächst in ihrem Wachstum begrenzen. Etwa 1 Woche später werden die Nebentriebe ebenfalls zurückgezupft.

Scheinzypresse
(Chamaecyparis optusa)
Höhe: 80 cm
Bes.: Bonsai-Zentrum Schinznach

Mädchenkiefer
(Pinus pentaphylla var. himekomatsu)
Höhe: 89 cm
Japan

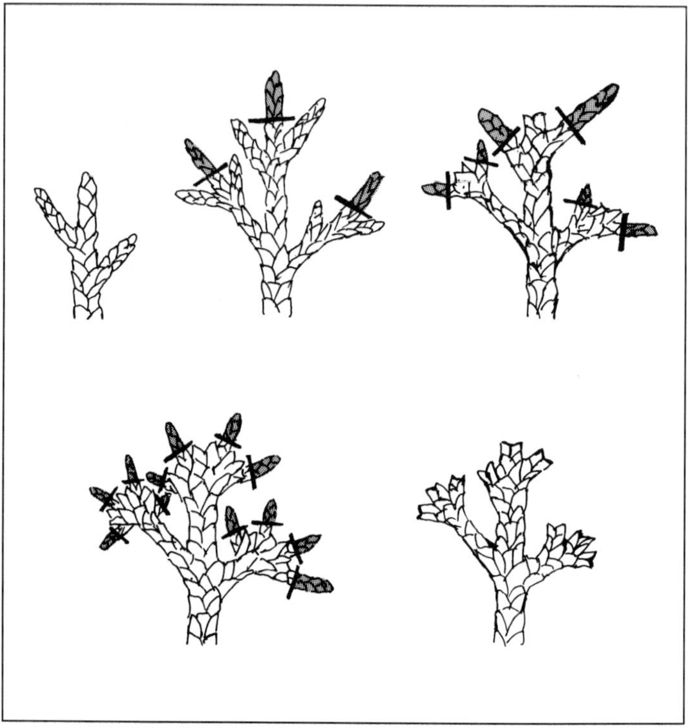

Alle Einkürzungen von grünen Trieben nehmen wir mit den Fingern vor, sobald der Trieb etwa 1 cm Zuwachs hat. Mit einer Schere würden mit Sicherheit einige der Schuppenblätter verletzt, ausbluten, und wir bekämen häßliche, braune Triebspitzen. Mit den Fingern ziehen wir die Blätter untereinander heraus, ohne verbleibende Blätter zu verletzen. Dickere Äste und Zweige werden natürlich mit der Schere eingekürzt. Ebenso dünnen wir im Innern der Krone mit einer Schere aus.

Formverbesserung: Die Äste und Zweige müssen mit Hilfe von Draht immer wieder in die typische waagerechte Form gebracht werden.

Beim Drahten achten wir darauf, daß die feinen Nebentriebe nicht miteingedrahtet werden.

Drahtungszeiten: Februar/März oder September/Oktober.

Igelwacholder
(Juniperus rigida), Jap.: Tosho

Der **Igelwacholder** sieht unserem Gemeinen Wacholder recht ähnlich, aber seine Äste sind überhängend und die Nadeln kleiner.

In seiner Heimat, Japan, Korea und der Mandschurei, wird er ein großer Strauch oder ein mittlerer Baum von bis zu 13 m Höhe.

Die Rinde von Ästen und Stamm ist braunrot bis gelbbraun und löst sich in schmalen Streifen ab.

Die Nadeln stehen zu dritt pro Knoten um den Trieb ab. Sie sind steif, scharfspitzig und stechend, 13–25 mm lang und bis 1 mm breit. Oben tief rinnig mit einem schmalen weißen Mittelband, an den Rändern tief grün.

Vom Igelwacholder gibt es männliche und weibliche Pflanzen.

Standort: In der vollen Sonne gedeiht der Igelwacholder im Sommer am besten. Im Winter den Wurzelballen gegen Frost schützen.

Gießen: Im Sommer sollte er gut mit Wasser versorgt werden, wobei auf Staunässe zu achten ist. Im Winter gleichmäßig feucht halten.

Düngen: Vom Austrieb bis Ende August alle 4 Wochen mit ⅓ konzentriertem Flüssigdünger oder mit Kugeldünger.

Erde: Grundmischung oder (jap.) Bonsai-Erde.

Umtopfen: Alle 2–3 Jahre vor dem Austrieb mit einem Wurzelschnitt.

An der Spitze des neuen Triebes sind die Nadeln noch dicht gedrängt in einem Büschel. Die Spitze wird abgezupft, sobald der Trieb 2 cm Länge hat.

Kaukasische Zelkove

(Zelkova carpinifolia)

Höhe: 53 cm

Bes.: Bonsai-Zentrum Schinznach

Schwarzkiefer
(Pinus thunbergii)
Höhe: 57 cm
Japan

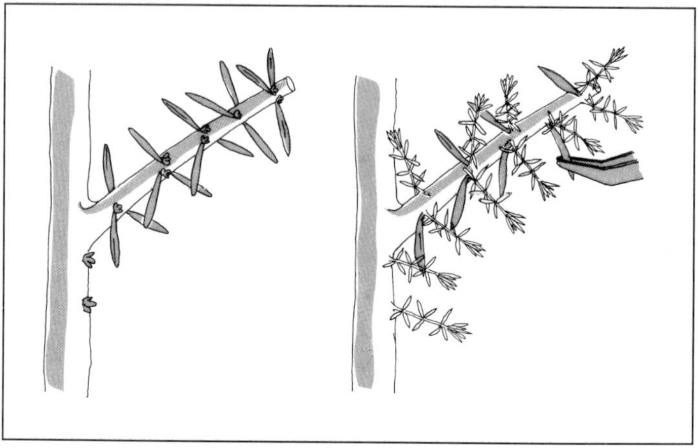

Aus den Blattachseln treiben bald neue Triebe aus. Sobald sich diese Triebe entwickelt haben, können wir die langen älteren Nadeln mit einer Pinzette abzupfen. Im Laufe einer Wachstumsperiode werden so die Zweige immer dichter verzweigt.

Formerhaltung: Wie beim Chinesischen Wacholder ist auch hier das Ziel, Astetagen mit einem dichten Nadelpolster herauszuarbeiten.

Im Frühjahr läßt man die neuen Triebe bis auf etwa 2 cm wachsen und zupft dann die Spitze heraus. Nach einiger Zeit kommt aus den Achselknospen der Zweitaustrieb, mit meist etwas kürzeren Nadeln. Nun werden alle Nadeln des Erstaustriebes abgezupft. Ebenso verfährt man bis zum Herbst mit allen Trieben, die stärker wachsen.

Zusätzlich werden alle über das Nadelpolster herausragenden und nach unten wachsenden Triebe herausgeschnitten.

Übrigens neigt der Igelwacholder dazu, im Winter die Nadeln leicht braun werden zu lassen. Das ist eine normale Erscheinung, die Nadeln werden im Frühjahr wieder grün.

Formverbesserung: Im Herbst (September/Oktober) oder im zeitigen Frühjahr (Februar/März) können Stamm und Äste mit Hilfe von Draht in der Form korrigiert werden. Wenn Äste entfernt werden müssen, ist zu überlegen, ob man diese Äste nicht als tote Äste entrindet am Baum belassen sollte. Vielfach werden solche Jin-Partien das vorgetäuschte oder tatsächliche Alter unterstreichen helfen.

Ginkgo
(Ginkgo biloba), Jap.: Icho

Der **Ginkgo** ist der letzte Vertreter einer ehemals artenreichen Ordnung von nadelbaumähnlichen Bäumen. Früher war er auf der ganzen nördlichen Erdhemisphäre verbreitet, kommt heute natürlich nur noch in China vor.

Frei wachsend wird er 40 m hoch, sein Wuchs ist schmal kegelförmig oder mit ausgebreiteter Krone. Die Rinde ist grau, bei alten Bäumen tief gefurcht.

Die Blätter sind fächerförmig, mit parallelen und gegabelten Nerven, 5–8 cm breit, lang gestielt, an der Vorderseite oft eingeschnitten oder auch gelappt, fast lederartig, frischgrün, im Herbst goldgelb, dann abfallend.

Es gibt weibliche und männliche Ginkgos, die sich aber in ihrem Wuchs nicht unterscheiden. Die aprikosengroßen Früchte treten also nur auf, wenn man zwei Bäume unterschiedlichen Geschlechts hat.

Standort: Im Sommer in der vollen Sonne, im Winter müssen die fleischigen Wurzeln gut gegen Frost geschützt werden.

Gießen: Im Winter mäßig feucht halten, im Sommer gut feucht halten, auf Staunässe achten.

Erde: Grundmischung oder (jap.) Bonsai-Erde.

Umpflanzen: Alle 2–5 Jahre, je nach Alter der Pflanze.

Formerhaltung: Der Ginkgo bildet Lang- und Kurztriebe aus. Langtriebe bilden sich aus den vorderen Knospen eines Triebes, an ihnen stehen die Blätter einzeln. An den weiter hinten liegenden Kurztrieben sitzen die Blätter in Büscheln zu 3–5.

Kurztriebe lassen wir unbeschnitten. Langtriebe schneiden wir bei 6–7 Blättern auf 1–2 Blätter zurück. Bei jungen Bäumen lassen wir 2–3 Blätter pro Trieb stehen.

Formverbesserung: Bei Bäumen mit kegelförmigem Wuchs können wir durch reinen Schnitt gestalten.

Bei Bäumen mit breiter Krone müssen wir häufig zusätzlich drahten. So werden hier die Langtriebe mit Beginn der Aushärtung eingedrahtet.

Igelwacholder
(Juniperus rigida)
Höhe: 60 cm
Bes.: Gruga-Park Essen

Chinesischer Wacholder
(Juniperus chinensis)
Höhe: 66 cm
Japan

Fichte
(Picea glehnii), Jap.: Ezo matsu

Die **Sacchalin-Fichte** wird fälschlicherweise auch Ajan-Fichte genannt. Die Ajan-Fichte ist aber eine ganz andere Art. In ihrer Heimat, der Insel Sacchalin, wird sie ein 40 m hoher Baum mit schmal kegelförmiger Gestalt.

Die Äste sind dünn und kurz. Die jungen Triebe sind zunächst rotbraun und dichtbehaart. Der Austrieb ist erst recht spät im Frühjahr (etwa Mitte Mai).

Die Rinde ist braungrau und rissig.

Die Nadeln sind 6–12 mm lang, oberseits mattgrün mit 3 helleren Spaltöffnungslinien, unterseits leuchtendgrün mit 1 Spaltöffnungslinie. Die Nadeln sind bei jungen Pflanzen noch spitz, werden aber bei alten Pflanzen am Ende stumpf.

Standort: Im Sommer sollte der Standort halbschattig sein. Im Winter schützt man den Wurzelballen gut gegen Frost.

Gießen: Der Boden sollte gleichmäßig feucht gehalten werden. Es ist auf Staunässe zu achten.

Düngen: Von Ende Mai bis Ende August wird alle 4 Wochen mit drittelkonzentriertem Flüssigdünger oder mit Kugeldünger versorgt.

Erde: Grundmischung mit erhöhtem Sandanteil oder (jap.) Bonsai-Erde.

Umpflanzen: Alle 2–4 Jahre vor dem Austrieb mit einem mäßigen Wurzelschnitt.

Formerhaltung: Wenn sich die Knospen öffnen, schieben sich die jungen Triebe dichtbepackt mit Nadeln hervor.

Mit den Fingern werden die Triebe, bevor sich die Nadeln abspreizen, zurückgezupft:

1. aus großen Knospen (sitzen an der Spitze der Haupttriebe) kommen sehr starke Triebe hervor, diese zupfen wir um ⅔ zurück.
2. aus mittleren Knospen (sitzen an stärkeren Nebentrieben) kommen weniger starke Triebe, die um ½ zurückgezupft werden.
3. aus kleinen Knospen (sitzen an schwächeren Nebentrieben) kommen nur schwache Triebe, von denen wir nur ⅓ zurückzupfen.

Auf diese Weise bekommen wir eine dichte, gleichmäßige Verzweigung im Laufe der Zeit.

Die Äste sollten mit ihrer dichten Verzweigung jeweils ein ungleichschenkliges Dreieck bilden.

Alle Zweige, die nach unten oder steil nach oben wachsen, werden entfernt.

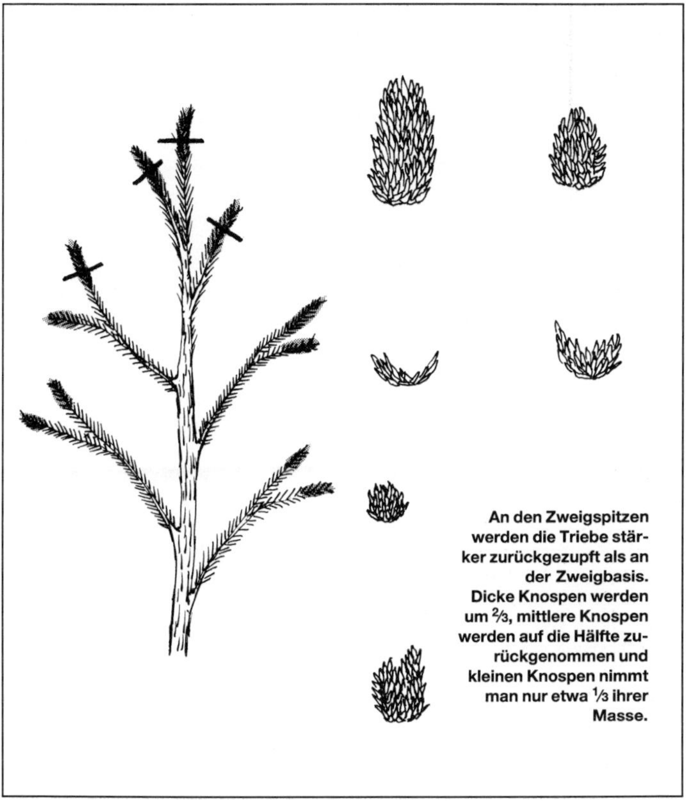

An den Zweigspitzen werden die Triebe stärker zurückgezupft als an der Zweigbasis. Dicke Knospen werden um ²⁄₃, mittlere Knospen werden auf die Hälfte zurückgenommen und kleinen Knospen nimmt man nur etwa ¹⁄₃ ihrer Masse.

Formverbesserung: Äste und Zweige können mit Hilfe von Draht in ihrer Form korrigiert werden.

Die richtige Zeit fürs Drahten ist das zeitige Frühjahr. Doch ist es recht schwierig, eine Fichte bis in die Triebspitzen hinein zu drahten, ohne dabei die engstehenden Nadeln mit einzudrahten. Andererseits sterben alle Nadeln, die miteingedrahtet werden, ab. Das Drahten einer Fichte ist also mit einem recht hohen Zeitaufwand verbunden, will man es richtig machen.

Nach etwa 1 Jahr sollte der Draht wieder entfernt werden.

Gingko
(Gingko biloba)
Höhe: 52 cm
Bes.: Bonsai-Zentrum Schinznach

Stewartie
(Stewartia monadelpha)
Höhe: 83 cm
Japan

Lärche
Japanische Lärche (Larix leptolepis)
Jap.: Kara matsu

Die **Japanische Lärche** ist ein bis zu 30 m hoher, sommergrüner Nadelbaum mit breit ausladender, kegelförmiger Krone.

Der gerade Stamm hat eine rotbraune, später hellbraune oder graue, tiefgefurchte Schuppenborke, die sich in dünnen Platten ablöst. Die Zweige sind gelblich bis rötlichbraun.

Die Nadeln sind weich, 1,5–3,5 cm breit, 1–1,5 cm lang, anfangs hellgrün, später dunkelgrün und verfärben sich im Herbst goldgelb.

An Langtrieben sitzen sie einzeln, an Kurztrieben in Büscheln zu je 40–50. Knospen für Lang- wie für Kurztriebe sehen gleich aus.

Standort: Im Sommer vollsonnig, im Winter den Wurzelballen gegen Durchfrieren schützen.

Gießen: Im Frühjahr mäßig feucht halten, damit die Nadeln nicht zu lang werden. Im Sommer gut feucht halten, aber vor Staunässe schützen.

Düngen: Vom Austrieb bis Ende August alle 4 Wochen mit halbkonzentriertem Flüssigdünger oder mit Kugeldünger.

Erde: Grundmischung oder (jap.) Bonsai-Erde

Umpflanzen: Alle 2–3 Jahre vor dem Austrieb.

Formerhaltung: Meist treibt die Lärche aus den Spitzenknospen der Zweige mit Langtrieben aus. Sobald die frischen grünen Triebe braun zu werden beginnen, schneiden wir auf 1–2 Knospen zurück.

Die Knospen sitzen in den Achseln einiger Nadeln voneinander entfernt auf ganzer Länge des Triebes und sind zunächst grünliche Hügelchen.

Häufig werden durch den Rückschnitt der Langtriebe einige Kurztriebe angeregt, lang auszuwachsen, sie werden also zu Langtrieben. Wenn die Astetage dichter werden sollte, ist das erwünscht. Wir behandeln diese neuen Langtriebe wie die ersten Langtriebe.

Sollen die Triebe aus gestalterischen Gründen kurz bleiben, schneiden wir auf eine Knospe zurück, sobald sie auszuhärten beginnen.

Ende August/Anfang September hören wir mit dem Schneiden auf.

Im zeitigen Frühjahr wird, falls erforderlich, ein Formschnitt durchgeführt. Jetzt entfernen wir alle von einem Ast nach oben oder unten wachsenden Langtriebe.

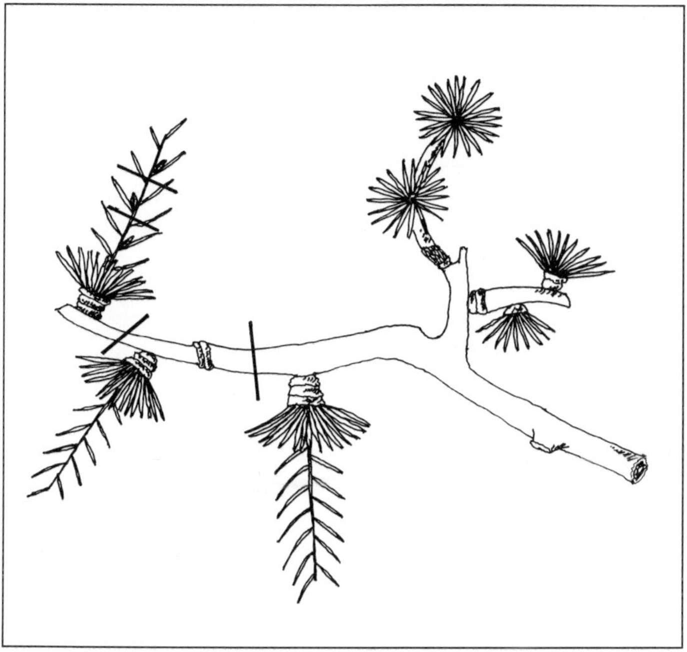

Die Lärche bildet Langtriebe mit voneinander entfernt stehenden Nadeln und Kurztriebe mit engstehenden Nadelbüscheln aus. Wird ein Langtrieb beschnitten, werden häufig Kurztriebe angeregt, zu Langtrieben auszuwachsen.

Formverbesserung: Die Äste einer typischen, alten Lärche sind abwärts geneigt, mit leicht aufwärts gerichteter Spitze. Entsprechend müssen wir bei Bedarf die Äste und Zweige eindrahten. Ohne Probleme mit den Nadeln zu bekommen, führen wir diese Arbeit in der Ruheperiode, später Herbst oder zeitiges Frühjahr, durch.

Junge Triebe können erst nach beginnender Aushärtung eingedrahtet werden. Wir achten aber darauf, daß keine Nadeln mit eingedrahtet werden.

Japanische Zelkove
(Zelkova serrata)
Höhe: 52 cm
Bes.: Bonsai-Zentrum Schinznach

Europäische Lärche
(Larix decidua)
Höhe: 55 cm
Schweiz

Laubbäume

Fächerahorn
(Acer palmatum und Sorten)
Jap.: Momiji und Yamamomiji

In seiner Heimat Japan, Korea und der chinesischen Provinz Hupeh, wird der **Fächerahorn** ein großer Strauch bis mittelgroßer Baum. Wie für alle Ahorne typisch, stehen sich immer zwei Knospen bzw. Blätter an einem Zweig genau gegenüber (gegenständig). Ebenso typisch sind die paarig geflügelten Samen.

Die Blätter der Art sind variabel in 5–11 schmale Lappen gespalten und laufen in eine lange Spitze aus.

Von der Art gibt es viele verschiedene Zuchtformen. So gibt es Sorten mit roten Blättern (Acer palmatum ‚Atropurpureum') oder mit tief geschlitzten Lappen (A.p.var. dissectum). Je feiner die Blätter und je dünner die neuen Triebe sind, um so langsamer wachsen die Bäume.

Standort: Fächerahorne lieben den lichten Schatten. Sie neigen an einem vollsonnigen Standort zu Verbrennungen an den Blattspitzen und -rändern. Im Winter sollte der Fächerahorn frostfrei bis maximal +8°C aufgestellt werden.

Gießen: Er verdunstet wegen seiner Laubfülle im Sommer zwar viel Wasser, ist aber gegen Staunässe recht empfindlich.

Düngen: Wir beginnen mit Düngergaben erst nach dem Austrieb. Zu frühzeitiges Düngen führt zu großen Blättern und langen Blattabständen (Internodien). Gedüngt wird 14tägig mit Flüssigdünger (halbe Konzentration) oder mit Kugeldünger bis zum Beginn der herbstlichen Laubfärbung.

Erde: Grundmischung oder (jap.) Bonsai-Erde.

Umpflanzen: Bis 10jährige Bäume jedes Jahr, danach alle 2–3 Jahre im zeitigen Frühjahr (Februar/März).

Formerhaltung: Je nach dem Entwicklungsstand zum fertigen Bonsai, wendet man ganz unterschiedliche Methoden an.

1. Bei ganz jungen Bäumen wollen wir zunächst Zuwachs bekommen, d. h. der Baum soll größer werden, einen dickeren Stamm und dickere Äste und Zweige bekommen: Wir lassen die neuen Triebe bis auf 7–8 Blattpaare wachsen und schneiden dann auf 2–3 Blattansätze zurück.

①

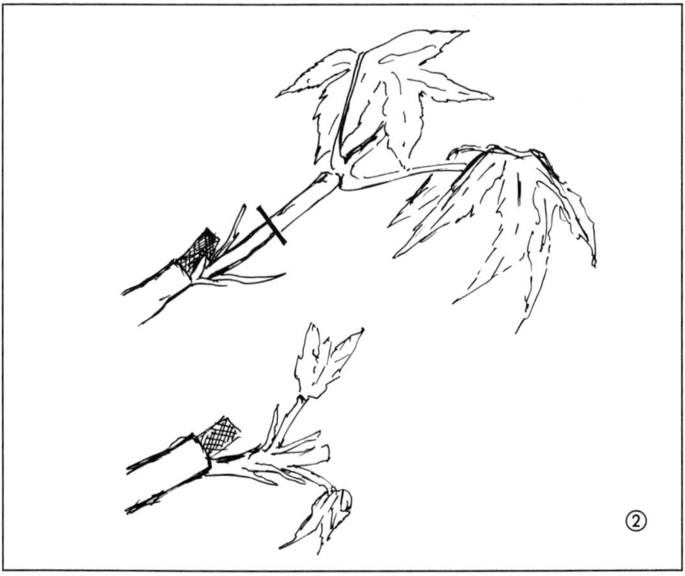
②

2. Hat der Bonsai schon fast seine endgültige Form erreicht: Man schneidet die neuen Triebe auf 1 Blattpaar zurück oder entfernt sie bei zu langen Internodien ganz, nachdem der Trieb auf 7–8 Blattpaare herangewachsen ist. Aus dem älteren Holz treibt der Baum mit Hilfe von schlafenden Augen erneut aus, diesmal aber mit kürzeren Internodien und kleineren Blättern.

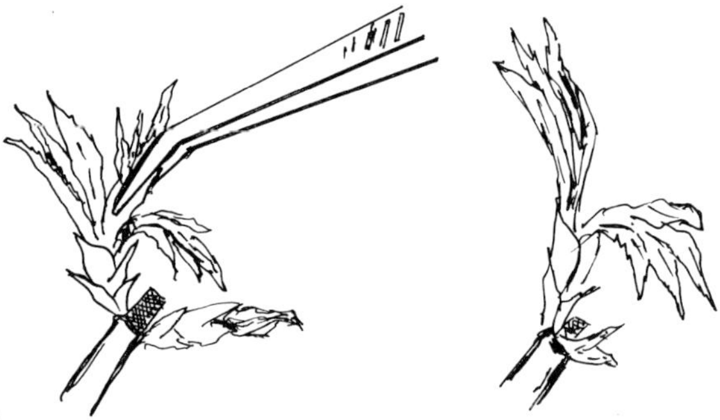

③

3. Der Bonsai hat seine beabsichtigte Form erreicht: Sobald sich die Knospen öffnen, werden zwischen den ersten beiden Blättern die jungen Triebspitzen mit den Fingern oder einer Pinzette herausgezupft. Wir bekommen jetzt ganz kurze Internodien und kleinere Blätter.

Formverbesserung: Zur Überarbeitung der Gesamtgestalt führen wir im Februar/März einen Formschnitt durch. Jetzt können wir auch dikkere Äste, die die Form stören, entfernen, ohne Gefahr zu laufen, daß der Baum ausblutet.

Bildet der Baum sehr große Blätter, können wir nach der Aushärtung der Blätter einen Blattschnitt durchführen. Wenn nötig, kann der Fächerahorn im zeitigen Frühjahr (März) gedrahtet werden. Bereits nach 6–12 Monaten muß der Draht wieder entfernt werden, damit er die Rinde nicht verletzt.

Dreispitzahorn
(Acer buergerianum), Jap.: Kaede

Der **Dreispitzahorn** hat seine Heimat in den Bergwäldern Japans und Ostchinas. Dort wird er ein hoher Baum mit kegelförmiger Krone.

Die Borke ist grau, wenig rissig und blättert in unregelmäßigen Platten ab.

Die Blätter sind bis 8 cm lang und 6 cm breit, mit 3 kurzen, breit auseinanderstrebenden zugespitzten Lappen. Sie sind anfangs behaart und hellgrün, später oberseits dunkelgrün, unterseits blaugrün.

In Japan findet man häufig ältere Dreispitzahorn-Bonsai mit tellerartig ausgebreitetem Wurzelhals. Hier wird die Neigung des Dreispitzahorns ausgenutzt, aufeinanderstoßende Wurzeln miteinander verwachsen zu lassen.

Standort, Gießen, Düngen, Erde und Umpflanzen: siehe Fächerahorn.

Formerhaltung: Zunächst lassen wir die neuen Triebe auf 5–6 Blattpaare wachsen. Etwa Mitte April schneiden wir die langen Triebe auf 1–2 Blattpaare zurück. Häufig werden dadurch weiter hinten liegende kürzere Triebe angeregt, stärker zu wachsen. Nicht selten werden die Blätter an solchen Kurztrieben nun recht groß. Entsprechend führen wir bei solchen Blättern Mitte Mai einen Blattschnitt durch. Hierbei schneiden wir nur die Blattflächen ab, lassen aber die Blattstiele stehen. Nach

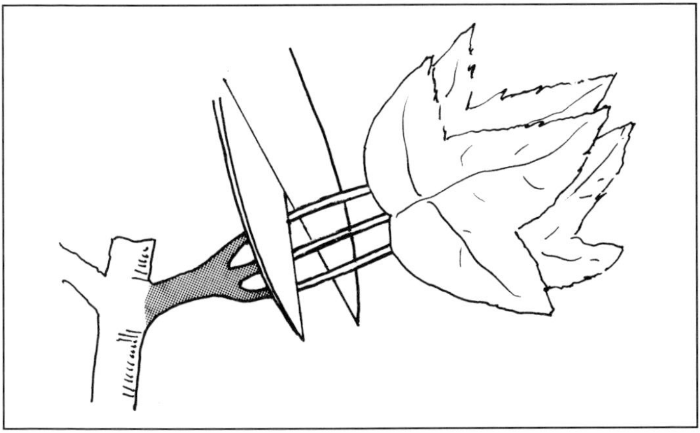

etwa 14 Tagen werden die Blattstiele abgeworfen, und die Knospen in den Blattachseln treiben aus, diesmal aber mit kleineren Blättern.

Hat der Baum insgesamt sehr große Blätter ausgebildet, können wir Mitte Mai auch einen vollständigen Blattschnitt durchführen.

Im sehr zeitigen Frühjahr (Ende Februar/Anfang März) wird die allgemeine Form überarbeitet. Jetzt ist auch die Zeit, den Dreispitzahorn einzudrahten. Etwa nach $\frac{1}{2}$ Jahr, spätestens aber im nächsten Herbst, wird der Draht wieder entfernt.

Formverbesserung: Wie schon ausgeführt, sind in Japan Dreispitzahorne mit einem tellerartig ausgebildeten Wurzelhals ganz besonders beliebt. Um diese Erscheinung hervorzurufen, können wir in die dickeren Wurzeln am Wurzelhals mit einem scharfen Messer längsverlaufende Einschnitte machen. Nun versucht der Baum, die Wunden wieder zu verschließen, er bildet Wundgewebe aus. Dieses Wundgewebe läßt die Wurzeln schnell dick werden. Die Einschnitte müssen bis ins Kambium reichen und sollten Ende April durchgeführt werden.

Wollen wir einen weiter unten liegenden Ast schneller dick bekommen, lassen wir den Spitzentrieb lang durchwachsen und schneiden ihn erst im sehr zeitigen Frühjahr beim allgemeinen Formschnitt wieder zurück.

Zelkoven
(Zelkova serrata und Zelkova carpinifolia)
Jap.: Keyaki

Die beiden in der Bonsai-Kultur verwendeten Zelkovenarten sind recht leicht voneinander zu unterscheiden.

Während die **Zelkova carpinifolia** ihre Heimat vom Kaukasus bis nach Nordchina hat, kommt die Zelkova serrata in Japan auf Hondo und Kiuschu, aber auch in Tschekiang (China) und Korea vor.

Die **Zelkova carpinifolia** wird in der freien Natur ein großer (bis 25 m), meist mehrstämmiger Baum. Seine Rinde ist rotbuchenartig glatt, blättert aber in kleinen Schuppen ab.

Die Blätter sind 2–5 cm lang, elliptisch, spitz und am Rand grob gesägt. Sie sind oberseits anfangs rauh, später glatt und tiefgrün, während sie an der Unterseite bedeutend heller sind. Die Blätter haben 6–8 Nervenpaare.

Die **Zelkova serrata** wird in der freien Natur ein hoher Baum (bis 30 m) mit meist kugelrunder Krone. Die Borke ist viele Jahre rotbuchenartig glatt, blättert aber im Alter klein-, meist querschuppig ab.

Die Blätter werden bis 6 cm lang (an Langtrieben bis 12 cm), sind schmal eiförmig mit nach vorn gerichteten Zähnen an den Rändern. Sie sind oberseits heller, zunächst meist weich behaart, später glatt. Die Blätter haben hier 8–14 Nervenpaare, Blattstiel rötlich.

Standort: Lichter Schatten bis volle Sonne. Im Winter sollte der Wurzelballen vor dem Durchfrieren geschützt werden.

Gießen: Die Menge an Wasser beeinflußt auch die Länge der Internodien und die Größe der Blätter. Gerade im Austrieb ist es wichtig, sparsam zu gießen. Im Sommer sollte der Boden feucht, aber nicht naß gehalten werden.

Düngen: Auch die Düngergaben beeinflußen sehr stark das Längenwachstum. Mit dem Düngen sollte erst nach dem ersten Triebschnitt im späten Frühjahr begonnen werden. Danach verwenden wir im 14tägigen Rhythmus Flüssigdünger oder Kugeldünger bis zur herbstlichen Laubfärbung.

Erde: Grundmischung oder (jap.) Bonsai-Erde.

Umtopfen: bis 15jährig jedes Jahr, danach alle 2–3 Jahre.

Formerhaltung: Die notwendigen Arbeiten beginnen bereits im zeitigen Frühjahr. Jetzt werden alle trockenen Äste und Zweige, sowie alle Äste und Zweige, die auf den Stamm zuwachsen, herausgeschnitten.

Alle Triebe, die über die Kronensilhouette hinausragen, werden beschnitten.

Ebenso entfernt man alle nach unten wachsenden und sich kreuzende Zweige. Alle Knospen an den Triebspitzen (Terminalknospen) werden herausgebrochen und der Trieb dadurch auf eine weiter hinten liegende Knospe zurückgesetzt. Bleiben die Terminalknospen erhalten, werden vor allem hier sehr lange und kräftige Zweige erzeugt, während viele der anderen Knospen gar nicht oder nur unzureichend austreiben.

Nach dem Austrieb läßt man auf 6–7 Blätter wachsen und schneidet dann auf 1–2 Blätter zurück. Nach 3–4 Wochen kommen aus den Achselknospen neue Triebe, die dann genauso beschnitten werden, wie der Erstaustrieb.

Bei bereits voll ausgereiften Zelkoven-Bonsai kann man sehr früh die Triebe auf ein bis zwei Blätter zurückzupfen. Wir bekommen so eine besonders feine Verästelung.

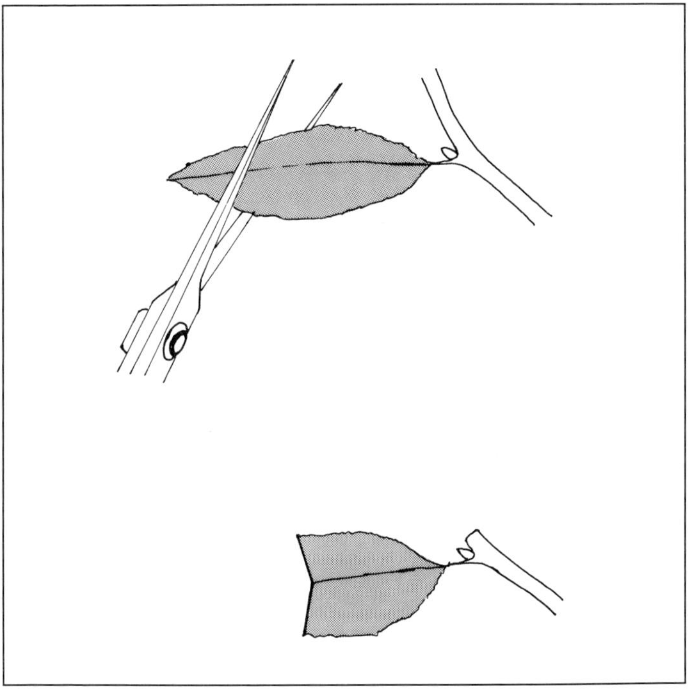

Beim Teil-Blattschnitt wird die Blattfläche künstlich verkleinert. Aus den Blattachseln treibt der Baum erneut aus.

Formverbesserung: Bei jungen Zelkoven (bis 15 Jahre) kann man jährlich einen Teil-Blattschnitt durchführen. Dazu werden die Blattspreiten mit der Schere so verkleinert, daß die Blätter an den Triebspitzen die kleinsten sind. Jetzt werden auf ganzer Länge die Achselknospen angeregt, auszutreiben. Wir erhalten so schneller eine dichte Verzweigung.

Alle drei bis fünf Jahre sollte bei den Zelkoven ein deutlicher Rückschnitt erfolgen, da sonst die Bäume im inneren Kronenbereich weitgehend verkahlen. Die schlafenden Augen im Kroneninnern können zusätzlich durch Bürsten mit einer weichen Zahnbürste und Wasser geweckt werden. Der Baum verjüngt sich nun aus dem alten Holz.

Buchen
Japanische Rotbuche (Fagus crenata)
Jap.: Buna
Japanische Schwarzbuche (Fagus japonica)
Jap.: Inu buna

Die Buchen haben runde, ausladende Kronen und eine glatte, graue Rinde. An den schmalen, länglichen Knospen erkennt man sie sofort. Die Blätter sind am Rand leicht gewellt und laufen in eine mehr oder weniger lange Spitze aus.

Die **Japanische Rotbuche** ist unserer Rotbuche recht ähnlich, hat aber bereits in der Jugend einen hellgrauen Stamm. In Japan werden die Bäume bis 30 m hoch, wachsen meist mehrstämmig und bilden rundliche Kronen aus.

Die Blätter sind 5–10 cm lang, eiförmig bis rhombisch, mit 7–10 Nervenpaaren und anfangs behaart, wie auch die Blattstiele.

Die **Japanische Schwarzbuche** hat einen dunkelgrauen Stamm und wird in Japan bis 25 m hoch.

Die Blätter sind elliptisch bis eiförmig, allmählich spitz zulaufend, 5–8 cm lang, mit 10–14 Nervenpaaren, unterseits ziemlich kahl.

Standort: Im Sommer im Halbschatten, damit die Blattränder nicht braun werden. Im Winter frostfrei aufstellen (bis 5° C).

Gießen: Im Sommer reichlich gießen, aber nur selten überbrausen.

Düngen: Wir beginnen mit Düngergaben erst nach dem Austrieb, damit die Blattabstände kurz bleiben. Ende August hören wir zur besseren Aushärtung der Triebe für den Winter mit dem Düngen auf.

Erde: Grundmischung oder (jap.) Bonsai-Erde mit etwas Kalk.

Umpflanzen: Alle 2–3 Jahre im Frühjahr, wenn die Knospen dicker werden.

Formerhaltung: Wir lassen die Triebe zunächst wachsen, bis die Rinde leicht braun zu werden beginnt und schneiden dann auf 2–3 Blätter zurück.

Da häufig nach dem Schnitt ein Zweitaustrieb erfolgt, der aber für die weitere Formung in den nächsten Jahren nicht verwendet werden kann, gehen wir folgendermaßen vor:

Die Blätter bzw. die in ihren Achseln sitzenden Knospen zeigen immer in die Richtung, in die der sich daraus entwickelnde Trieb wachsen wird. Wir lassen beim ersten Schnitt daher ein Blatt mehr stehen, als wir für die weitere Formung brauchen. Meist kommt der Zweitaustrieb nur aus der Achselknospe des letzten Blattes. Erst im zeitigen Frühjahr schnei-

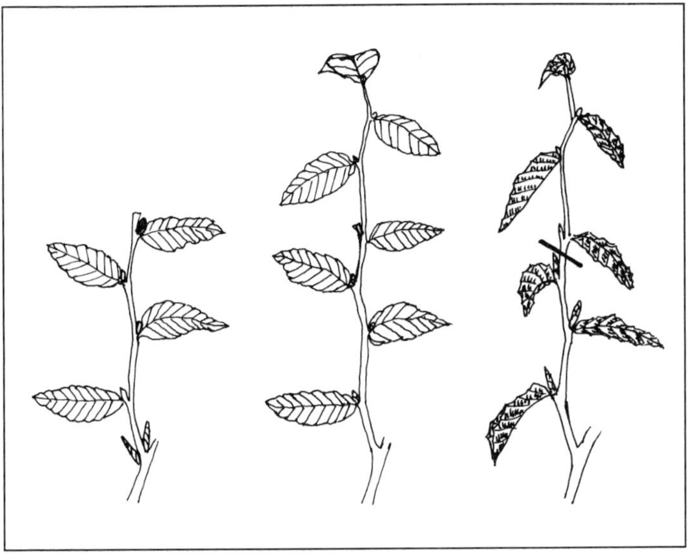

den wir auf die eigentlich gewünschte Knospe zurück, entfernen also alle Zweitaustriebe des letzten Jahres.

Bei bereits ausgeformten Buchen-Bonsai können aus allen großen Knospen die Spitzen herausgezupft werden. Der richtige Zeitpunkt ist hier, wenn sich die Knospen strecken, die Blätter sich aber noch nicht entfaltet haben. Wir lassen 2–3 Blätter in der Knospe zurück und zupfen die Spitze mit den Fingern heraus. Vielfach treiben jetzt schlafende Augen aus. Der Baum wird nun dichter und kompakter.

Bei jedem Schnitt lassen wir zunächst ein etwa 1 cm langes Zweigstück über der Knospe stehen. Sonst besteht die Gefahr, daß die Knospe abzutrocknen beginnt.

Sehr große Spitzenknospen werden zusätzlich entfernt. Übrigens bleiben die Blätter nach der Herbstfärbung den Winter über am Baum haften. Wir zupfen diese Blätter auf keinen Fall ab. Erst mit dem Austrieb im Frühjahr wirft der Baum auch die alten Blätter ab.

Formverbesserung: Dickere Äste und Zweige werden im zeitigen Frühjahr bei Bedarf zurückgeschnitten oder entfernt. Ebenso können eventuelle Formkorrekturen mit Draht jetzt vorgenommen werden. Junge Triebe können mit Beginn der Aushärtung auch gedrahtet werden. Sämtliche Drähte werden spätestens im Herbst wieder entfernt.

Hainbuchen

Herzblättrige Hainbuche (Carpinus cordata)
Jap.: Sawa shide
Japanische Hainbuche (Carpinus japonica)
Jap.: Kuma shide
Rotblättrige Hainbuche (Carpinus laxiflora)
Jap.: Aka shide
Seidenhaar-Hainbuche (Carpinus tschonoskii)
Jap.: Inu shide
Felsen-Hainbuche (Carpinus turczaninowii)
Jap.: Iwa shide

Die Hainbuchen sind zum größten Teil hohe Bäume, einzelne Arten aber nur große Sträucher. Mit etwa 60 Arten sind die Hainbuchen über die nördliche Erdhalbkugel verbreitet.

Die **Herzblättrige Hainbuche** ist in Japan, Korea und der Mandschurei anzutreffen. Sie ist dort ein mittelhoher, langsamwüchsiger Baum mit dichter Krone.

Die Triebe sind erst behaart, bald kahl und bräunlich. Die Borke ist schuppig und braungrau.

Aus den bis zu 2 cm langen, bräunlichgrauen Knospen kommen im Frühjahr die jungen Triebe mit bis zu 12 cm langen Blättern. Die Blätter sind gleichmäßig eiförmig, am Grund herzförmig, am Rand auffallend doppelt gesägt. Jeder Blattnerv (15–18 Nervenpaare) ragt borstenartig in einer feinen Spitze über den Blattrand hinaus.

Die **Japanische Hainbuche** kommt im südlichen Japan in der Ebene oder auf niedrigen Bergen vor. Sie wird höchstens 15 m hoch und breitkronig.

Die Triebe sind zuerst zottig behaart, bald kahl und graubraun.

Die Borke ist hell graubraun, rissig und löst sich in großen Stücken ab.

Die Blätter sind im Austrieb rotbraun und beiderseits weich behaart, später oberseits dunkelgrün, unterseits heller. Die Form ist lanzettlich bis schmal eiförmig, spitz, ungleich und scharf gesägt.

Die **Rotblättrige Hainbuche** ist der Japanischen Hainbuche sehr ähnlich, ist aber in der Rinde etwas heller und das Laub verfärbt sich im Herbst leuchtend rot.

Die **Seidenhaar-Hainbuche** kommt aus Japan und Nordostasien. Sie wird dort ein kleiner Baum bis 10 m Höhe. Die Triebe sind wenig behaart und graubraun. Die Borke ist gefurcht und grau.

Die Blätter sind eiförmig, spitz zulaufend, ungleich, mit doppelt gesägtem Rand. Sie haben eine dunkelgrüne Oberseite mit flachen Haaren auf der Mittelrippe.

Die **Felsen-Hainbuche** kommt aus China, wird aber in Japan häufig als Bonsai verwendet.

Die Borke ist der Japanischen Hainbuche ähnlich. Die Blätter sind klein (2,5–5 cm lang, 1–2,5 cm breit), rund bis fast eiförmig, spitz, mit regelmäßig doppelt gesägtem Rand. Sie sind oberseits glänzend dunkelgrün mit seidigem Flaum auf beiden Seiten der Mittelrippe.

Standort: Im Sommer halbschattig, da die Blattspitzen und Ränder in der vollen Sonne leicht braun werden. Auch wird die Laubfärbung in der Sonne erheblich blasser als im Halbschatten. Im Winter den Wurzelballen vor dem Durchfrieren schützen.

Gießen: Es sollte reichlich bei guter Drainage gewässert werden. Da die Wurzeln bei Trockenheit sehr leicht austrocknen, empfiehlt es sich, ein gutes Moospolster aufzulegen.

Düngen: Damit wir kurze Blattabstände bekommen, wird in halber Konzentration von Juni bis August mit einem Flüssigdünger gearbeitet. Ab September sollte nicht mehr gedüngt werden, damit die Triebe für den Winter aushärten können.

Erde: Grundmischung oder (jap.) Bonsai-Erde.

Umpflanzen: Alle 2–3 Jahre vor dem Laubaufbruch.

Formerhaltung: Damit der Baum möglichst gleichmäßig und dicht austreibt, werden im zeitigen Frühjahr alle dicken Spitzenknospen ausgebrochen. Ansonsten werden die Triebe auf 2–3 Knospen zurückgeschnitten.

Den ersten Austrieb lassen wir durchwachsen, bis die Triebe langsam härter werden. Nun werden sie auf 2–3 Blätter zurückgeschnitten. Mit dem Zweit- und dem eventuellen Drittaustrieb verfahren wir gleich. Ende August hören wir mit dem Schneiden auf, damit die Zweige für den Winter gut aushärten können.

Die Hainbuche hat die Neigung, nicht voll ausgereifte Zweige im Winter absterben zu lassen.

Formverbesserung: Neue Triebe können bereits im halbfesten Zustand gedrahtet werden (Juni/Juli).

Blühende Bäume

Prunus-Arten
Japanische Aprikose (Prunus mume), Jap.: Ume
Bergkirsche (Prunus sargentii)
Japanische Blütenkirsche (Prunus serrulata)

Die **Japanische Aprikose** ist in Südjapan und China beheimatet und wird dort ein etwa 10 m hoher Baum.

Die Blätter werden bis 10 cm lang, sind elliptisch bis eiförmig und laufen in eine lange Spitze aus. Am Rand sind sie fein gesägt. An der Oberseite sind sie frischgrün, an der Unterseite sind sie heller, im Anfang fein behaart.

Die Blüten erscheinen im April vor den Blättern, sitzen zu 1–2 beisammen, sind großblütig (3 cm breit), weiß bis dunkelrosa und stark duftend.

Die Früchte sind, bis 3 cm dick, vollreif gelb bis bräunlich-rot, nicht eßbar!

Die **Bergkirsche** kommt in den Bergwäldern Japans und Koreas vor und erreicht eine Höhe von 25 m.

Die Blätter werden bis 12 cm lang und 6 cm breit und laufen in eine lange Spitze aus. Am Rand sind sie scharf gesägt mit lang zugespitzten Zähnen. Die Blätter sind oberseits saftig grün, unterseits graugrün, im Austrieb rötlich und im Herbst orangerot. Am Blattstiel befinden sich zwei Drüsen.

Die Blüten sind rosa und erscheinen im April meist vor den Blättern und bilden zu 2–4 Trugdolden.

Die Früchte sind etwa 1 cm groß, glänzend purpurschwarz, mit bitterem Saft.

Die **Japanische Blütenkirsche** kommt eigentlich aus Nordchina, wird aber in Japan in zahlreichen Sorten kultiviert (Kirschblütenfest).

Die Blätter sind im Austrieb bronzefarben glänzend, bis 15 cm lang, in eine lange Spitze auslaufend und gleichmäßig kurz gesägt.

Die Blüten erscheinen Ende April/Anfang Mai, meist vor dem Laub und stehen zu 3–5 beisammen.

Standort: Volle Sonne, im Winter den Wurzelballen gegen Durchfrieren schützen.

Gießen: Wie alle blühenden Bonsai, brauchen auch die Prunus-Arten viel Wasser. Staunässe ist auf jeden Fall zu vermeiden.

Düngen: Nach der Blüte sollte mit einem ausgewogenen Flüssigdünger begonnen werden. Den Sommer über geben wir alle 14 Tage Flüssigdünger. Im Spätsommer wird ein phosphor- und kalibetonter Dünger verwendet.

Erde: siehe Blütenerde.

Umtopfen: alle zwei Jahre nach der Blüte mit mäßigem Wurzelschnitt (etwa ¼).

Formerhaltung: Neben der Bonsai-Form wollen wir natürlich einen reichen Blütenschmuck haben. Dies erreichen wir durch die richtige Anwendung des Schnitts:

1. Kurz nach der Blüte, noch bevor sich die neuen Triebe strecken, machen wir den ersten Schnitt. Den größten Teil der alten Blüten entfernen wir, da die Fruchtbildung den Baum nur unnötig schwächt. Wir lassen höchstens 1–2 Früchte ausreifen. Die Zweige werden auf 1–3 Augen zurückgeschnitten. Die Endknospe sollte nach außen zeigen und auf der Unterseite des Zweiges liegen. Gleichzeitig führen wir den erforderlichen Formschnitt durch, da wir keine Rücksicht auf Blütenknospen nehmen müssen.

Nach der Blüte wird der Formschnitt durchgeführt. Die nun am Zweigende stehenden Knospen sollten nach außen zeigen und auf der Zweigunterseite liegen.

Fächerahorn
(Acer palmatum)
Höhe: 44 cm
Bes.: Bonsai-Centrum Heidelberg

Dreispitzahorn
(Acer buergerianum)
Höhe: 51 cm
Japan

2. Der zweite Schnitt sollte nur an den neuen Trieben erfolgen.

Sobald sich die neuen Triebe gestreckt haben, entfernen wir die ersten drei Blätter an der Basis der neuen Triebe. Diese Blätter sollten noch klein und weich sein. Würden diese Blätter nicht entfernt, würden die sich bildenden Knospen stark mit Nährstoffen versorgt und zu Triebknospen heranreifen. Es entstünden hier keine Blütenknospen. Die neuen Triebe werden auf 5–6 Blätter (einschließlich der vorher entfernten) zurückgenommen, sobald sie ihr Längenwachstum beendet haben aber noch nicht ausgehärtet sind. Normalerweise beenden die neuen Triebe ihr Längenwachstum im Hochsommer.

Nach dem Strecken der neuen Triebe werden die ersten drei Blätter an der Zweigbasis abgezupft.

Formverbesserung: Neue Triebe haben bei allen Fruchtgehölzen die Neigung, möglichst senkrecht nach oben der Sonne zuzuwachsen. Daher werden die jungen Triebe im Hochsommer gedrahtet. Der Draht sollte papierumwickelt sein, damit er die Rinde nicht verletzt. Im Spätherbst wird er wieder entfernt.

Nach dem Laubfall können die Form störende, dickere Äste herausgeschnitten werden.

Blütenknospen sind rundlicher, während Triebknospen spitzer zulaufen.

Übrigens kann das Einrollen der Blattspitzen sowohl die Bildung von Blütenknospen als auch Wassermangel bedeuten.

Apfelbäume
Halls-Apfel (Malus halliana), Jap.: Hana kaido
Zwerg-Apfel (Malus x micromalus), Jap.: Hime ringo
Toringo-Apfel (Malus sieboldii), Jap.: Miyama kaido

Halls-Apfel ist ein bis 5 m hoher, ausgebreitet wachsender, lockerkroniger Strauch mit dunkelgrauer, im Alter plattig aufbrechender Rinde.

Die Triebe sind braunrot und kahl.

Die Blätter sind im Austrieb rötlich, bis 8 cm lang, schmal eiförmig, an beiden Enden zugespitzt, etwas lederig und am Rand kurz sägezähnig. Sie sind oberseits glänzend dunkelgrün.

Im Mai erscheinen die dunkelrosa gefärbten Blüten in Büscheln zu 4–7, an langen, rötlichen Stielen hängend. Knospig sind sie tiefrot.

Die Früchte sind verkehrt eiförmig, bis 8 mm dick, rotbraun und reifen spät.

Der **Zwerg-Apfel** wird ein 4 m hoher und fast ebenso breiter Strauch mit einer längsrissig, dunkelbraunen Borke.

Die Triebe sind erst behaart, verkahlen aber bald.

Die Blätter sind bis 10 cm lang, schmal elliptisch, am Grund keilförmig, vorn in eine Spitze auslaufend und am Rand fein gesägt. Sie sind ebenfalls oberseits glänzend dunkelgrün.

Die Blüten erscheinen zeitig im Mai, sind knospig intensiv karmesinrosa, aufgeblüht rosa und nicht verblassend.

Die Früchte werden 1,5 cm dick, sind etwas kantig, gelb, an der Sonne rot.

Der **Toringo-Apfel** wird ein mittelhoher (2–10 m hoch), breit ausladender Strauch mit überhängenden, purpurbraunen, oft verdornenden Zweigen. Die Zweige sind erst filzig behaart, später kahl.

Die Blätter sind eiförmig bis elliptisch, spitz zulaufend, grob gesägt, oberseits sattgrün, beiderseits verstreut behaart. Im Herbst verfärben sie sich auffällig gelb mit rot.

Die Blüten erscheinen im Mai, sind knospig dunkelrosa, aufgeblüht hellrosa, allmählich verblassend.

Die Früchte sind erbsengroß, rot oder gelbbraun.

Standort: Im Sommer in der vollen Sonne, im Winter vor Frost schützen.

Gießen: Während der Blüte reichlich, im Sommer gut feucht halten, aber vor Staunässe schützen. Wird die Erde zu trocken, wirft der Apfel die Blüten oder Fruchtansätze ab.

Düngen: Nach der Blüte mit einem ausgewogenen Flüssigdünger alle 4 Wochen oder mit Kugeldünger bis Anfang August. Dann bis Anfang

Japanische Sicheltanne
(Cryptomeria japonica)
Höhe: 78 cm
Bes.: Ruth Stafford-Jones (GB)

Halls-Apfel
(Malus halliana)
Höhe: 40 cm
Bes.: Bonsai-Centrum Heidelberg

Zur besseren Blütenknospenbildung für das nächste Jahr, werden alle steil nach oben wachsenden Zweige, waagerecht gedrahtet.

September mit einem phosphor-kali-betonten Dünger für bessere Blütenbildung im nächsten Frühjahr.

Erde: Grundmischung, bei zu fetter Erde schlechter Blütenansatz.

Umtopfen: Jährlich nach der Blüte oder im zeitigen Herbst.

Formerhaltung: Nach der Blüte schneiden wir alle Triebe, die keine Früchte tragen sollen, auf 2–3 Knospen zurück. Fruchttragende Triebe bis zum Fruchtansatz.

Bis Mitte Juni lassen wir die neuen Triebe wachsen, bis sie eine Länge von etwa 20 cm haben. Mit dem Herauszupfen der Triebspitzen stoppen wir das Längenwachstum. Sobald sich in den Achseln der vorderen Blätter neue Triebe bilden, werden diese ebenfalls vollständig herausgezupft. Wachstum hier würde die Blütenknospenbildung beeinträchtigen. Bis Mitte Juli haben sich weiter hinten an den Trieben in den Blattachseln die Knospen fürs nächste Jahr gebildet.

Blütenknospen sind dicker und runder als Triebknospen. Sobald die Triebe auszuhärten beginnen, werden sie waagerecht gedrahtet.

Im zeitigen Frühjahr können die Triebe bis zu den Blütenknospen zurückgeschnitten werden.

Formverbesserung: Wir lassen auf keinen Fall sämtliche sich bildende Äpfelchen an dem Baum. Die meisten Äpfelchen werden entfernt. Zu großer Fruchtansatz schwächt den Baum unnötig.

Wenn keine Blüten durch Insekten befruchtet wurden, können wir mit einer abgezupften Blüte die anderen betupfen und dadurch befruchten.

Fukien-Tee
(Carmona microphylla)
Höhe: 25 cm
Bes.: Bonsai-Centrum Heidelberg

Quitte
(Cydonia oblonga)
Höhe: 51 cm
Japan

Scheinquitten, Quitte und Zwergmispel
Scheinquitten:
Chaenomeles japonica, Jap.: Ko boke
Chaenomeles speciosa, Jap.: Boke
Quitte: Cydonia oblonga, Jap.: Karin
Zwergmispel: Cotoneaster horizontalis
Jap.: Benishitan

Die Scheinquitten sind Sträucher mit meist dornigen Zweigen. Ihre Blüten erscheinen einzeln oder zu mehreren an Kurztrieben.

Chaenomeles japonica wird in seiner Heimat, Hondo und Kiuschu, etwa 3 m hoch und hat rauhfilzige Triebe, die später zu braun bis olivgrünen, dornigen Ästen werden. Die Borke des Stammes ist schwarz.

Die Blätter sind bis zu 3 cm lang, lederartig, rund und grob kerbig gesägt. Sie sind oberseits glänzend dunkelgrün, unterseits hellgrün und verbleiben bis in den Winter an der Pflanze.

Die Blüten erscheinen mit den Blättern, sind ziegelrot und 3,5 bis 5 cm breit.

Die Früchte werden 3–5 cm dick, gelblichgrün, mit oberseits tiefen Kerben.

Chaenomeles speciosa kommt aus Japan und China und wird bis 2 m hoch. Die Zweige sind kahl und dornig und gehen in die Breite.

Die Blätter sind schmal eiförmig, spitz zulaufend, am Rand scharf gesägt, oberseits glänzend dunkelgrün, unterseits heller und matt.

Die Blüten erscheinen im März oder mit den Blättern, meist zu mehreren an den Zweigen, sind bis 4 cm breit, weit offen und scharlachrot.

Die Früchte sind duftend, länglichrund, gelbgrün, an der Sonne rötlich.

Die **Quitte** wurde im Verlauf der Jahrhunderte weit verbreitet, kommt aber wahrscheinlich aus Transkaukasien. Frei wachsend bildet sie einen dicht verzweigten kleinen Baum (5–6 m hoch).

Die Triebe sind zunächst graufilzig, später kahl, aber ohne Dornen.

Die Blätter sind 5–10 cm lang, breit eiförmig, ganzrandig, oberseits dunkelgrün und kahl, unterseits dicht graufilzig. Im Herbst verfärben sie sich gelb.

Die Blüten erscheinen Mai/Juni, meist einzeln, sind weiß bis rosa (meist mit dunkler Aderung) und 2–5 cm breit.

Die Frucht ist gewöhnlich birnenförmig, 6–10 cm groß, duftet aromatisch gelb, ist roh nicht genießbar.

Die **Zwergmispel** wird in China ein niedriger, fast waagerecht wachsender Strauch, der sich stark ausbreitet.

Die Blätter sind fast kreisrund, laufen in eine feine, seitlich gebogene Spitze aus. Sie sind lederig, oberseits glänzend grün, unterseits hell und werden im Herbst scharlach- oder braunrot.

Die Blüten erscheinen im Juni einzeln oder zu zweit, sind weiß bis rötlich, reichblühend.

Früchte setzt die Zwergmispel massenhaft an. Sie sind erbsengroß und korallenrot.

Standort: Vollsonnig, im Winter vor Frost schützen.

Gießen: Das ganze Jahr über gut feucht halten.

Düngen:

Scheinquitten vom Frühjahrsaustrieb bis Mitte Juli alle 14 Tage mit Flüssigdünger. Dann erst wieder Mitte September mit einem stickstoffarmen und phosphor-kali-reichen Dünger für die Blütenbildung im nächsten Frühjahr.

Quitte und Zwergmispel vom Austrieb bis zum Herbst alle 14 Tage mit Flüssigdünger. Während der Blüte und nach der Fruchtreife nicht düngen.

Erde: Blütenerde mit etwas Kalk.

Umtopfen: Da die Bäume recht empfindlich gegen Wurzel- und Stammnematoden sind und diese sich in der Wärme stark vermehren können, sollte ein Wurzelschnitt nur im Herbst durchgeführt werden. Im darauffolgenden Winter werden viele Nematoden eingehen, und bevor die Vermehrung wieder einsetzt, hat der Baum die Wurzelwunden wieder verschlossen.

Formerhaltung:

Scheinquitten: Im Frühjahr lassen wir die neuen Triebe lang wachsen. Ende Mai/Anfang Juni werden die Spitzen der jungen Triebe abgezupft und dadurch ihr Längenwachstum gestoppt. Wenn die Rinde der Zweige langsam von dunkelgrün nach braun übergeht, werden die Triebe auf 1–3 Blätter zurückgeschnitten.

Der folgende Zweitaustrieb wird erst nach dem Laubabwurf beschnitten, da wir jetzt Laub- und Blütenknospen unterscheiden können (Blütenknospen sind rundlich). Wir schneiden kurz vor einer Blütenknospe ab.

Nach der Blüte im nächsten Frühjahr werden alle Triebe, die keine Blüten getragen haben, stark zurückgeschnitten. Blütentriebe nur, wenn sie die Form stören.

Zwergmispel etwa wie Scheinquitten behandeln.

Wistarie
(Wistaria floribunda)
Breite: 50 cm
Bes.: Bonsai-Centrum Heidelberg

Japanische Aprikose
(Prunus mume)
Höhe: 65 cm
Japan

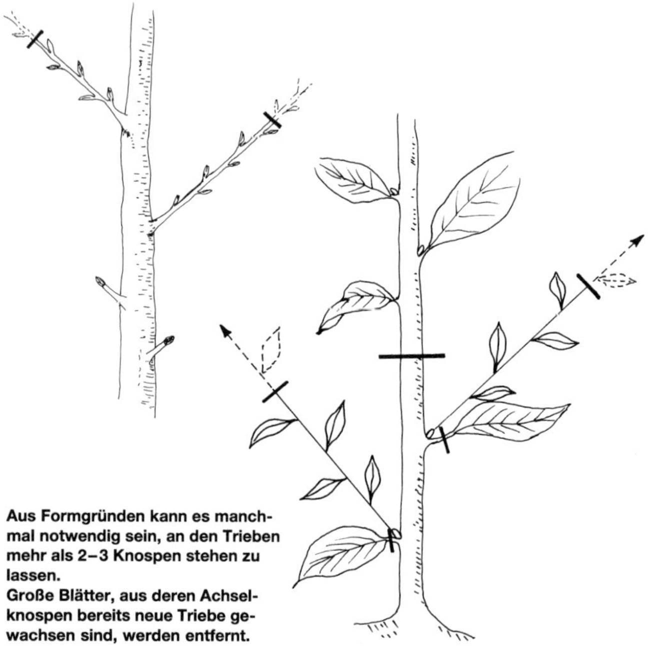

Aus Formgründen kann es manchmal notwendig sein, an den Trieben mehr als 2–3 Knospen stehen zu lassen.
Große Blätter, aus deren Achselknospen bereits neue Triebe gewachsen sind, werden entfernt.

Quitte: Der Erst- und Zweitaustrieb wird jeweils bei 5–6 Blättern auf 2–3 Blätter zurückgeschnitten. Im Frühsommer hören wir mit dem Schneiden auf, damit sich Blütenknospen bilden können. Blüten bilden sich nur an diesjährigen Trieben für das nächste Frühjahr.

Formverbesserung: Alle hier besprochenen Arten können gedrahtet werden.

Bei Zierquitten werden die neuen Triebe ab Mitte Juni bis zum Herbst mit papierumwickeltem Draht zu ⅔ ihrer Länge in Form gebracht.

Quittentriebe brechen beim Drahten leicht ab. Wenn man vorsichtig mit papierumwickeltem Draht arbeitet, ist es aber gut möglich. Wir drahten, sobald die Triebe härter werden.

Dickere Äste bei Quitten sollten nie auf einmal, sondern über 2–3 Jahre verteilt, Stück für Stück entfernt werden.

Zwergmispeln können das ganze Jahr über gedrahtet werden.

Wistarie
(Wistarie floribunda), Jap.: Fuji

Die **Wistarie**, auch Blauregen, ist eigentlich eine Kletterpflanze (klettert bis 8 m hoch), man kann ihr aber das Klettern abgewöhnen und sie in Baumgestalt bringen.

Der Stamm ist braun-grau und wird im Alter feinstrukturiert borkig. Die Klettertriebe sind sehr lang, erst grün, dann hellbraun und winden von rechts nach links.

Die Blätter sind unpaarig gefiedert, mit 13–19 Teilblättchen. Die Teilblättchen sind bis 8 cm lang, eiförmig bis elliptisch, jung kurz behaart, bald verkahlend, ober- und unterseits hellgrün, dünnhäutig.

Die Blüten erscheinen Mai/Juni in 20–50 cm langen Trauben und sind violett.

Standort: Hell und sonnig im Sommer, im Winter den Wurzelballen gut gegen Durchfrieren schützen.

Gießen: Die Bedürfnisse sind je nach Jahreszeit recht unterschiedlich:

Winter: Nicht zu feucht halten, mit dem Wasser fast geizen.

Frühling: Gut feucht halten.

Sommer: Vor allem von Juni bis August sehr feucht halten, da der Baum jetzt sehr durstig ist. Zur besseren Blütenknospenbildung stellen wir die Wistarie in ein Wasserbad, so daß der Schalenboden gerade die Wasseroberfläche berührt.

Düngen: Nach der Blüte mit einem stickstoffarmen Dünger versorgen, damit nicht zu lange Klettertriebe gebildet werden.

Im Sommer Kugeldünger auf die Erdoberfläche legen und alle 4 Wochen stickstoffarmen Flüssigdünger dem Wasserbad zusetzen. Ab Ende August keinen Dünger mehr geben.

Erde: Blütenmischung.

Umpflanzen: Jährlich nach der Blüte.

Formerhaltung: Mit dem richtigen Schnitt verfolgen wir drei Ziele: die Bonsaiform erhalten, ihr das Klettern abgewöhnen und, nicht zuletzt, eine reiche Blütenpracht hervorrufen.

Nach der Blüte treibt die Wistarie meist recht lange Klettertriebe aus. Bis etwa Ende Juli lassen wir diese Triebe ungehindert wachsen und schneiden dann auf 1–2 Augen zurück.

Der zweite Austrieb ist meist kürzer. Bis zum Herbst lassen wir den Zweitaustrieb unbeschnitten. In vielen Fällen haben sich an der Basis der Ranken kurze Seitentriebe gebildet, die Blütentriebe. Wir erkennen rundliche Blütenknospen, aber auch länglichere Triebknospen.

Kerbbuche
(Fagus crenata)
Höhe: 52 cm
Japan

Hainbuche
(Carpinus laxiflora)
Höhe: 44 cm
Japan

Wenn es die Form erlaubt, schneiden wir im zeitigen Frühjahr die Ranken bis zu irgendeinem der Seitentriebe zurück. Die Seitentriebe werden nicht beschnitten.

Wenn diese Schnittmethode mehrere Jahre angewendet wird, bildet die Wistarie bald keine Klettertriebe mehr aus. Von nun an können wir nach der Blüte auch die kürzeren Triebe der Form nach beschneiden.

Formverbesserung: Die Hauptäste und dickeren Nebenäste (ab Bleistiftstärke) lassen sich im Spätsommer bei Bedarf drahten. Doch Vorsicht, die Äste sind recht unflexibel. Es sollte mit Fingerspitzengefühl gedrahtet werden.

Azaleen

Die Azaleen gehören zur Familie Rhododendron (Rh.).

Satsuki-Azalee (Rh. indicum), Jap.: Satsuki
Kaempfers-Azalee (Rh. kaempferi), Jap.: Yama tsutsuji
Stumpfblattazalee (Rh. obtusum), Jap.: Kurume tsutsuji

Die Azaleen haben alle zumindest in der Jugend behaarte Blätter. Ihre Blütenstände erscheinen immer am Ende eines Triebes und bilden zu mehreren Blüten eine Dolde.

Die **Satsuki-Azaleen** werden in Japan sehr häufig und in vielen verschiedenen Zuchtformen zu Bonsai gestaltet. Sie sind gewöhnlich immergrün, werfen also das Laub im Herbst nicht ab. In der Natur werden sie bis 1,8 m hoch. Die Blätter sind bis 5 cm lang, elliptisch mit angedrückten Haaren.

Die Blüten sind zu 2–6 je Bündel und erscheinen vor den neuen Blättern im Mai. Von rosa bis dunkelrot gibt es alle möglichen Schattierungen als Blütenfarbe.

Kaempfers-Azalee ist ein breiter, bis 2 m hoher, locker verästelter Strauch.

Die Triebe sind zunächst rosafarbig borstig behaart, später kahl und grau.

Die Blätter sind meist sommergrün, 6 cm lang, elliptisch und etwas borstig behaart.

Die Blüten erscheinen je nach Standort April/Mai vor oder mit dem Laubaufbruch, purpurrosa bis scharlachrot.

Die **Stumpfblattazalee** ist ein niedriger, dicht verzweigter Strauch, der kaum 70 cm Höhe erreicht.

Die Triebe sind in der Jugend dicht anliegend braun behaart, später verkahlen sie.

Die Blätter sind immergrün. Frühjahrsblätter bis 4 cm lang, eiförmig bis elliptisch und im Spätherbst abfallend.

Die Sommerblätter sind klein und schmal, über den Winter verbleibend.

Die Blüten erscheinen im Mai, oft einzeln bis zu dritt, rot, scharlach- oder karminrot.

Standort: Vollsonnig oder im Halbschatten im Sommer. Im Winter vor Frost schützen.

Gießen: Gut wässern, bis zum nächsten Gießen warten, bis die Erde beginnt, trocken zu werden.

Chinesische Ulme
(Ulmus parviflora)
Höhe: 55 cm
Bes.: Bonsai-Centrum Heidelberg

Chinesische Ulme
(Ulmus parvifolia)
Höhe: 72 cm
Bes.: Bonsai-Centrum Heidelberg

Düngen: Mit einem stickstoffarmen, aber phosphorreichen Dünger im Sommer alle 3–5 Wochen. Nach der Blüte bis Ende August, im Winter nicht düngen.

Erde: Azaleen brauchen einen sauren Boden von pH 5,5 oder niedriger. Azaleenmischung oder jap. Azaleen-Erde.

Umtopfen: Alle 2–3 Jahre mit Wurzelschnitt.

Formerhaltung: Der Formerhaltungsschnitt erfolgt direkt nach der Blüte.

Zunächst werden alle alten Blüten und eventuell entstandene Fruchtstände abgezupft.

Hinter dem ehemaligen Blütenstand treibt die Azalee 2–5 neue Triebe aus, von denen bis auf 2 alle anderen an der Basis entfernt werden. Natürlich werden vorher die beiden Triebe ausgewählt, die für die weitere Gestaltung wichtig sind.

Die beiden verbliebenen Triebe werden auf 1–2 Blätter zurückgezupft, was ihr Längenwachstum stoppt. Das Rückzupfen sollte früh genug erfolgen, damit es überhaupt zur Bildung von Blütenknospen kommen kann:

Die neuen Triebe müssen noch so weich sein, daß sie ganz leicht mit den Fingerspitzen oder den Fingernägeln abgeknipst werden können.

Ist der Zeitpunkt verpaßt, kommt es nur zur Bildung von Triebknospen für das nächste Jahr.

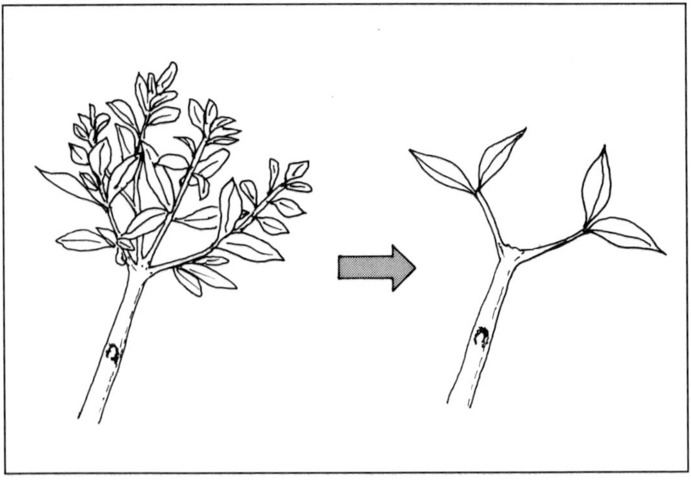

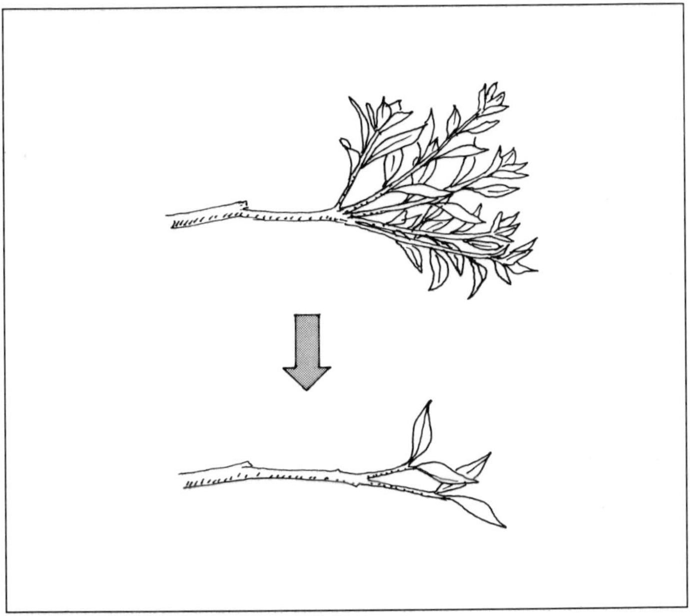

Formverbesserung: Vorjährige und diesjährige Triebe können gedrahtet werden, sobald sie ihre Behaarung verloren haben. Zu diesem Zeitpunkt ist das Holz noch nicht zu steif und unflexibel, um gebogen und gedrahtet zu werden. Bei älteren und vor allem dickeren Ästen und Zweigen ist das Holz meist steif und unflexibel, um noch erfolgreich mit Hilfe von Draht in der Richtung korrigiert zu werden.

Häufig muß man, um z. B. einen dickeren Ast abwärts zu neigen, auf der Unterseite der Biegestelle ein „V"-förmiges Stück Holz herausschneiden. Danach wird gedrahtet, und es wird langsam und sehr vorsichtig gebogen, bis die beiden Seiten des „V" aufeinanderstoßen. Liegen die Seiten eng aufeinander, verheilen sie miteinander, und die Korrektur ist erfolgt. Beim Drahten ist darauf zu achten, daß der Draht nicht zu nah an das „V" herankommt.

Bei größeren Korrekturen ist es ratsam, die Gesamtneigung über 2–3 Jahre zu verteilen. Es ist immerhin zu bedenken, daß die Zellen gegenüber dem Einschnitt gestreckt werden müssen. Ist nun die Streckung zu groß, werden die Zellen zerrissen, und der Ast vertrocknet, weil die Leitungsbahnen unterseits durchschnitten und oberseits zerrissen sind.

Granatapfel
(Punica granatum)
Höhe: 13 cm
Japan

Baum der tausend Sterne
(Serissa foetida)
Höhe: 54 cm
Bes.: Bonsai-Centrum Heidelberg

Halbzimmer-Bonsai

Granatapfel
(Punica granatum ‚Nana'), Jap.: Zakuro

Der **Granatapfelbaum,** ein großer Strauch bis kleiner Baum (5–6 m hoch), ist in Asien heimisch. Über Indien, Afghanistan und Arabien kam er in den Mittelmeerraum.

Der Stamm ist zunächst glatt, wird aber im Alter tiefrissig borkig.

Die Blätter sind elliptisch bis lanzettlich, bis 7,5 cm lang, an den Rändern leicht gewellt und saftig grün. Die Blüten erscheinen von Juni bis September, sind leuchtendrot und entspringen in den Blattachseln, meist aber an den Triebspitzen.

Standort: Hell bis vollsonnig. Im Sommer im Freien, mit der Laubfärbung und dem Laubabfall im Herbst bekommt er einen hellen Standort im Zimmer bei 8° C. Pflanzen, die im Winter ihr Laub behalten, bekommen einen Standort bei 20° C.

Gießen: Im Frühjahr mäßig feucht halten. Ab Mitte Juli werden die Wasserrationen noch sparsamer, damit das Holz für die Blütenbildung im nächsten Jahr ausreifen kann. Im Winter werden Pflanzen, die das Laub abgeworfen haben, fast trocken gehalten. Wegen des sehr geringen Wasserbedarfs neigt er sonst zur Wurzelfäule. Pflanzen mit Laub werden mäßig feucht gehalten.

Düngen: Vom Frühjahr bis zum Herbst wird 14-tägig mit einem handelsüblichen Flüssigdünger in halber Konzentration versorgt. Im Winter wird nur gedüngt, wenn die Pflanze das Laub nicht abgeworfen hat.

Erde: Grundmischung oder Blütenerde.

Umtopfen: alle 2–3 Jahre im Frühjahr.

Formerhaltung: Vom Austrieb bis Mitte Juni werden neue Triebe bei 6–8 Blattpaaren auf 2–3 Blattpaare zurückgeschnitten.

Ab Mitte Juni wird nicht mehr geschnitten, damit die Blütenbildung einsetzen kann. Erst nach der Blüte wird die Form wieder herausgearbeitet.

Formverbesserung: Wenn sich nach dem Drahten von 3–4jährigen Trieben schöne Astetagen ausgebildet haben, können wir durch reines Beschneiden der Triebe die Etagen dichter formen. Dazu werden alle senkrecht wachsenden Triebe vor dem Austrieb entfernt.

Immer folgt auf einen Knoten mit zwei waagerecht stehenden Knospen, ein Knoten mit zwei senkrecht stehenden Knospen. Wenn wir auf

Die Blätter wachsen beim Granatapfel kreuz-gegenständig. Beim Schnitt schneiden wir auf ein in der Wuchsebene liegendes Blattpaar zurück.

die waagerecht stehenden Knospen zurücksetzen, spreizen die beiden wachsenden Triebe auseinander, bleiben aber in der Ebene. Setzen wir auf die senkrecht stehenden Knospen zurück, wird die obere Knospe zusätzlich ausgebrochen, damit der sich hier bildende Trieb nicht senkrecht nach oben wächst.

Chinesische Ulmen
Chinesische Ulme (Ulmus parviflora), Jap.: Aki nire
Chinesische Korkulme (Ulmus parviflora var. suberosa), Jap.: Nire keyaki

Die **Chinesische Ulme** findet man in Tibet, über Zentralchina bis Japan. Sie ist ein raschwüchsiger, bis 14 m hoher Baum mit geschlossener, kugelförmiger Krone.

Die Borke ist glatt, grau und kleinschuppig ablösend. Die Triebe sind behaart und graugrün.

Die Blätter sind bis 5 cm lang, eiförmig bis elliptisch, zugespitzt, unregelmäßig, oft mehrfach gesägt, lederig, oberseits kahl, glänzend hellgrün, unterseits weich behaart. Vielfach bleiben die Blätter bis in den Winter hinein grün und am Baum haftend.

Die **Chinesische Korkulme** ist eine Mutante der Chinesischen Ulme und dieser recht ähnlich. Sie wächst langsamer und fällt vor allem durch die starke Borkenbildung auf, die häufig schon an den jungen Trieben beginnt.

Standort: Kann ganzjährig im Zimmer an einem hellen, sonnigen Fenster (nicht Nordfenster) stehen. Es ist sinnvoll, den Baum kühl (6–10°C) zu überwintern. Kann im Winter aber auch bei 18–20°C aufgestellt werden. Verliert bei warmer Überwinterung das Laub nicht.

Im Sommer ist der Baum für einen Standplatz im Freien dankbar.

Gießen: Im Sommer gut wässern, bis zum nächsten Gießen warten, bis die Erde leicht angetrocknet ist. Bei warmer Überwinterung normal weitergießen.

Bei kühler Überwinterung mäßig gießen, aber nicht trocken werden lassen.

Düngen: Für die Chinesische Ulme ist es völlig ausreichend, wenn ein fertiger Bonsai 3mal pro Wachstumszeit gedüngt wird. Bei jungen Bäumen wird alle 4 Wochen mit einem Flüssigdünger versorgt.

Erde: Grundmischung.

Umpflanzen: Alle 2–3 Jahre im Frühjahr.

Formerhaltung: Die Triebe auf etwa 8 Blätter heranwachsen lassen und dann auf 2–3 Blätter zurückschneiden. Wir bekommen so pro Wachstumsperiode 2–3 Zweiggenerationen.

Formverbesserung: Die jungen Triebe können, sobald sie leicht verholzt sind, gedrahtet werden. Wir bauen so Astetagen auf.

Zimmer-Bonsai

Feigen

Die Birkenfeige (Ficus benjamina)
Banyanbaum (Ficus bengalensis)
Ficus retusa
Buxbaumfeige (Ficus buxifolia)
Ficus sikkimensis
Ficus religiosa
Ficus microcarpa

Die Feigen sind eine hauptsächlich in den Tropen vorkommende Gattung von Bäumen und Sträuchern mit annähernd 2000 Arten. Sie bilden einen wichtigen Bestandteil tropischer Wälder in höheren Lagen.

In allen Organen haben die Feigen Gefäße, die Gummimilchsaft führen, was ihnen bei uns den Namen Gummibaum eintrug.

Die **Birkenfeige** hat hängende Äste und dünne, ledrige Blätter. Die Blätter sind 11 × 5 cm groß, elliptisch, gegen die Basis breiter und laufen in eine gebogene Spitze aus. Bei hoher Luftfeuchtigkeit bildet sie auch Luftwurzeln aus, was wir aber im Zimmer meist nicht hervorrufen können.

Der **Banyanbaum** ist ein großer Baum, der mit Hilfe von Stützwurzeln in seiner Heimat als Einzelbaum die Fläche eines kleinen Waldes bedekken kann. Die Blätter sind ledrig, 15–25 cm lang und 12–17 cm breit, eiförmig, am Ende rund oder in eine kurze Spitze auslaufend.

Ficus retusa ist ebenfalls ein großer Baum mit dickem Stamm. Seine Blätter sind elliptisch bis eiförmig, ledrig und laufen am Ende in eine kurze Spitze aus.

Die **Buxbaumfeige** wird in ihrer Heimat ein kleiner Baum oder großer Strauch. Ihre Blätter sind verkehrt eiförmig und laufen nicht in eine Spitze aus, sondern sind am Ende stumpf rund.

Ficus sikkimensis hat schmale lanzettförmige Blättchen, die am Ende in eine kurze Spitze auslaufen. Häufig verliert er im Winter seine Blätter.

Ficus religiosa ist der heilige Pepulbaum Indiens. Die Pflanzen entwickeln sich zu Bäumen mit vielen Stämmen und einem dichten Laubdach. Die Blätter sind dünn, 17 × 12 cm, etwa dreieckig und am Ende in eine bis 6 cm lange, gebogene Spitze auslaufend.

Ficus microcarpa gehört ebenfalls zur Gruppe der Banyanbäume, sieht diesem sehr ähnlich, hat aber kleinere Blätter.

Standort: Während des ganzen Jahres an einem hellen Fenster (kein Nordfenster oder Fenster hinter einem überdachten Balkon). Den Sommer über nach draußen. Verträgt, wenn man ihn langsam daran gewöhnt, auch volle Sonne. Blätter, die nicht in der Sonne gebildet wurden, neigen aber zum Verbrennen. Nur die Blätter, die in der Sonne gebildet wurden, verbrennen nicht mehr. Im Winter bei 15–25°C hell aufstellen.

Gießen: Der Wasserbedarf ist, je nach Standort, recht unterschiedlich. Bis zum nächsten Wässern warten, bis die Oberfläche leicht antrocknet, dann erst wieder kräftig wässern. Vorsicht bei Staunässe und Gießen mit kaltem Wasser, es kommt zu Wurzelschäden, die zum Braunschwarz- und Braunfleckigwerden der Blätter führen.

Düngen: Von Frühjahr bis Herbst alle 2 Wochen, im Winter alle 4 Wochen mit flüssigem, halbkonzentrierten Blumendünger.

Erde: Grundmischung oder (jap.) Bonsai-Erde.

Umtopfen: Alle 2 Jahre im Frühjahr mit einem Wurzelschnitt.

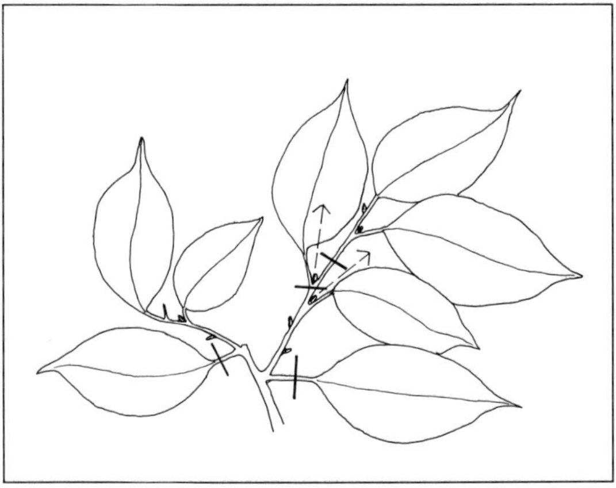

Große Blätter, aus deren Achselknospen neue Triebe gewachsen sind, werden entfernt.

Formerhaltung: Das ganze Jahr über lassen wir neue Triebe auf 4 bis 5 Blätter wachsen und schneiden dann auf 1–3 Blätter zurück. Ebenso werden alle zu großen Blätter ständig, wie bei einem Blattschnitt, entfernt.

Formverbesserung: Die Feigen können das ganze Jahr über gedrahtet werden. Wir drahten nicht zu stramm, bei Bedarf alle verholzten Triebe. Der Draht sollte nach etwa ½ Jahr wieder entfernt werden, da er dann einzuwachsen beginnt.

Sageretie
(Sageretia theezans)

Die **Sageretie** wird in ihrer Heimat Südchina ein 2–3 m hoher Strauch. Die Rinde ist braun oder grau und lebhaft gefleckt. Die Flecken entstehen, wenn die Rinde in kleinen, unregelmäßigen Platten abfällt.

Die Blätter sind klein, dünn, elliptisch bis oval, auf beiden Seiten glänzend hellgrün, verbleiben das ganze Jahr am Baum.

Blüten erscheinen im August bis November als endständige oder seitliche Rispen.

Standort: Die Sageretie kann das ganze Jahr über im Zimmer gepflegt werden, wenn sie einen Standplatz an einem hellen Fenster hat. Im Sommer nimmt sie dankbar einen Platz im Freien an. Drinnen wie draußen sollte sie vor der Mittagssonne geschützt werden. Im Winter stellt man sie bei Temperaturen um 18°C auf.

Gießen: Gut feuchthalten, aber auf Staunässe achten. Staunässe beantwortet sie prompt mit Wurzelsterben und Laubabwurf. Bei trockener Zimmerluft sollte die Pflanze regelmäßig übersprüht werden. Wichtig ist regelmäßiges Übersprühen bei wärmerer (18–24°C) Überwinterung.

Düngen: Wir beginnen mit dem 14tägigen Düngen nach dem Austrieb im Frühjahr und enden im Herbst. Im Winter gehen wir auf einen 4-Wochen-Rhythmus über. Wir düngen mit halbkonzentriertem Flüssigdünger.

Erde: Grundmischung oder (jap.) Bonsai-Erde.

Umtopfen: Alle 1–2 Jahre im Frühjahr vor dem Austrieb mit einem Wurzelschnitt.

Formerhaltung: Neue Triebe lassen wir bis 6–8 Blattpaare wachsen und schneiden dann auf 2–3 Blattpaare zurück. Will man auch die Blüten haben, sollte man Mitte Juli mit dem Schneiden aufhören und erst nach der Blüte den Baum wieder richtig in Form bringen. Man muß dann allerdings stärker zurückschneiden, als wenn man auf Blüten verzichtet hätte.

Formverbesserung: Bei der Sageretie ist es von Zeit zu Zeit notwendig, mit Draht die Äste und Zweige wieder in Form zu bringen. Äste können das ganze Jahr über eingedrahtet werden. Bei jungen Trieben wartet man, bis sie verholzt sind.

Der Draht sollte nach ca. ½ Jahr wieder entfernt werden.

Der Baum der tausend Sterne
(Serissa foetida)

Der **Baum der tausend Sterne** ist der etwas poetische Name für einen kleinen Strauch von 60 cm Höhe aus Südchina. Die Rinde ist grauweiß und blättert in dünnen Streifen ab.

Die Blätter sind 2–3 cm lang, elliptisch länglich, saftiggrün und verbleiben das ganze Jahr über am Baum.

Die Blüten erscheinen das ganze Jahr über, aber vermehrt im Juni, in den Achseln der Blätter. Wenn die Serissa blüht, weiß man auch, woher der poetische Name kommt.

Standort: Im Sommer sollte die Serissa an einem sehr hellen Standort aufgestellt werden. Außerdem ist sie für einen Standort im Freien dankbar. Drinnen wie draußen sollte das Bäumchen allerdings vor der prallen Mittagssonne geschützt werden.

Im Winter liegt die ideale Temperatur zwischen 12°C und 18°C. Bei einer Nachtabsenkung können die Raumtemperaturen etwas höher liegen. Niemals sollte der Baum im Winter direkt über der Heizung stehen.

Achtung: Einen Standortwechsel beantwortet die Serissa häufig mit einem starken Laubabwurf. Nach kurzer Zeit hat sie sich aber umgestellt und ist wieder gewohnt wuchsfreudig.

Gießen: Im Sommer braucht der Baum sehr viel Wasser, Staunässe ist aber auf jeden Fall zu vermeiden. Staunässe bewirkt starken Laubabwurf und sogar das Absterben von ganzen Astpartien.

Im Winter hält man den Baum nur gleichmäßig feucht.

Düngen: Im Frühjahr sollte mit einem organischen stickstoffarmen Dünger begonnen werden. Dann alle 14 Tage mit einem flüssigen Bonsai-Dünger weiterdüngen.

Im Winter wird alle 4 Wochen gedüngt.

Erde: Grundmischung oder (jap.) Bonsai-Erde.

Umtopfen: Alle 2 Jahre im Frühjahr mit leichtem Wurzelschnitt. Beim Wurzelschnitt verströmen die Wurzeln einen unangenehmen Geruch, was der schönblütigen Pflanze den Beinamen die „Stinkende" (foetida) einbrachte.

Formerhaltung: Junge Triebe läßt man bis 3–4 Blattpaare wachsen und schneidet dann auf 1–2 Blattpaare zurück. Die Triebe, die sich weiter unten am Stamm und auf den freiliegenden Wurzelpartien bilden, werden, sobald sie erscheinen, entfernt.

Alle 2–3 Jahre schneiden wir den Baum stark bis ins alte Holz zurück. Schon der erste Neuaustrieb trägt dann meist schon Blüten.

Formverbesserung: Die bereits verholzten Astbereiche können wir das ganze Jahr über drahten. Bei jungen Trieben sollte man beim Drahten sehr vorsichtig arbeiten, da sie erst recht spät verholzen und daher leicht abgebrochen werden können.

Den Draht entfernt man wieder nach ca. ½ bis 1 Jahr.

Steineibe
(Podocarpus macrophyllis)

Die **Steineibe** gehört zu den Nadelgehölzen und wird im südlichen Japan und China als kleiner Strauch bis hin zum großen Baum (20 m Höhe) in den Wäldern angetroffen.

Die Blätter sind dicht und unregelmäßig angeordnet, 10–15 cm lang und 0,5 cm breit, lanzettförmig, mit einer oben vorstehenden Mittelrippe.

Zur Gattung der Steineiben gehören ungefähr 115 verschiedene Arten und von der in der Bonsai-Gestaltung hauptsächlich verwendeten Art (Podocarpus macrophyllis) wiederum verschiedene Sorten.

Mit Podocarpus ustus bringt diese Gattung übrigens die einzige Nadelbaumart hervor, die auf anderen Bäumen schmarotzt. Das heißt, sie sitzt in der Wirtsbaumkrone und läßt sich über die Leitungsbahnen des Wirtsbaums versorgen.

Standort: Während des ganzen Jahres kann die Steineibe im Zimmer gepflegt werden. Sie liebt einen hellen bis sonnigen Standort, wenn in den Mittagsstunden für eine Schattierung gesorgt wird. Im Sommer sollte sie nach draußen an einen halbschattigen Standort.

Im Winter kann sie kühler (um 16° C) oder wärmer (bis 22° C) aufgestellt werden.

Gießen: Das ganze Jahr über sollte die Steineibe mäßig, aber gleichmäßig feucht gehalten werden. Staunässe ist zu vermeiden.

Düngen: Frühjahr bis Herbst alle 2 Wochen, im Winter alle 4 Wochen mit einem halbkonzentrierten Flüssigdünger.

Erde: Grundmischung oder (jap.) Bonsai-Erde.

Umpflanzen: Alle 2 Jahre mit nur mäßigem Wurzelschnitt, da der Baum von sich aus langsam wächst und zudem einen starken Wurzelschnitt nicht gut verträgt.

Formerhaltung: Man läßt zunächst die neuen Triebe auf 6–8 cm heranwachsen und schneidet dann auf 2–4 cm zurück. Dabei achtet man darauf, daß Blätter in der Nähe der Schnittstelle nicht mit angeschnitten werden.

Formverbesserung: Neue Triebe drahtet man am besten, wenn sie beginnen auszuhärten. Die Äste sind horizontal zu drahten, da der Baum auch in der Natur diese Gestalt annimmt. Auch hier wieder darauf achten, daß keine Blätter mit eingedrahtet werden, da diese dann absterben.

Fukien-Tee
(Carmona microphylla)

Der **Fukien-Tee** ist in seiner Heimat (Südchina) ein immergrüner Strauch oder kleiner Baum.

Die Blätter sind klein, dunkelgrün, tragen auf der Oberseite kurze, steife Haare.

Die kleinen weißen Blüten erscheinen das ganze Jahr über. Die Beeren sind zunächst grün, werden allmählich rot. Der Wuchs ist ein wenig sperrig.

Standort: Der Fukien-Tee liebt ganzjährig einen Standort an einem hellen Fenster (West- oder Südfenster), bei Temperaturen zwischen 15°C und 25°C. Im Sommer auch draußen aufstellen. In jedem Fall vor direkter Sonne schützen, vor allem in der Mittagszeit.

Gießen: Das ganze Jahr über gleichmäßig gut feucht halten. Kürzere Trockenperioden werden meist recht gut überstanden, aber mit einem Teilabwurf der Blätter von der Pflanze beantwortet.

Teilweise kann die vielfach verwendete chinesische Bonsai-Erde zu einem Gießproblem werden, da sie trocken sehr stark verbackt und dann kaum noch durch Gießen feucht zu bekommen ist. In solch einem Fall empfiehlt sich, zum Wässern Eintauchen in ein Wasserbad oder, noch besser, Umpflanzen in gut durchlässige Erde.

Düngen: Vom Frühjahr bis zum Herbst alle 2 Wochen, im Winter alle 4 Wochen mit einem halbkonzentrierten Flüssigdünger.

Erde: Grundmischung.

Umpflanzen: Alle 2 Jahre im Frühjahr mit einem Wurzelschnitt.

Formerhaltung: Triebe mit kurzen Blattzwischenräumen läßt man auf 6–8 Blätter heranwachsen und schneidet auf 2–3 Blätter zurück.

Triebe mit großen Blattabständen entfernt man entweder ganz oder läßt sie auf 3–4 Blätter heranwachsen und schneidet auf ein Blatt zurück.

Formverbesserung: Manchmal kommt man nicht umhin, die sperrigen Triebe zu drahten, um eine gefälligere Form zu erhalten. Erfolgreich können die Triebe gedrahtet werden, wenn sie gerade beginnen zu verholzen. Bereits verholzte Bereiche werden sehr vorsichtig gebogen, da sie doch leicht brechen.

Meist muß der Draht bereits nach 4–6 Monaten entfernt werden, da er dann einzudrücken beginnt.

Bonsai-Einzel- und Großhandel

Bonsai-Centrum Heidelberg
Mannheimer Straße 401
D-6900 Heidelberg-Wieblingen
Tel. 06221 / 82019

Bonsai-Centrum Hannover
Hebbelstraße 67
3000 Hannover
Tel. 0511 / 691222

Bonsai Rüger
Frauengartenring 41
D-6369 Schöneck 1
Tel. 06187 / 8579 od. 6219

Bonsai-Centrum Schinznach
in der Baumschule Hermann
Zulauf AG
CH-5107 Schinznach-Dorf
Tel. (0041)(0)56 / 432233

Edo Bonsai
Zonnedauw 25
NL-2771 RL Boskoop
Tel. (0031)(0)1727 / 3755 od. 5800

Bonsai-Einzelhandel und Jungpflanzen

Gartencenter Alleestraße
Alleestraße 13
5650 Solingen 1
Tel. 0212 / 51566 od. 51766

Gartencenter Lorenz
Henry Lorenz
Haydnstraße 7
D-6832 Hockenheim
Tel. 06205 / 4530

Gartencenter Würstle
Dachauer Straße 65
D-8080 Fürstenfeldbruck
Tel. 08141 / 6837

Bonsai-Einzelhandel

Bonsai
S. Markwart
Röpraredder 2
D-2050 Hamburg 80
Tel. 040 / 7385590

Bonsai-Centrum Elsholz
Röntgenstraße 3
D-2350 Neumünster
Tel. 04321 / 53223

Bonsai-Börse
Bernward Wagner
Leipziger Straße 49
D-2800 Bremen 1
Tel. 0421 / 370834

Bonsai-Studio Müller
Spandauer Weg 16
D-3400 Göttingen-Geismar
Tel. 0551 / 791177

Bonsai-Werkstatt und Gestaltung
Werner M. Busch
Hammer Dorfstraße 167
D-4000 Düsseldorf 1
Tel. 0211 / 306773

Bonsai-Hof Neuss
Blumenfachgeschäft Hermkes
Jülicher Straße 69
D-4040 Neuss
Tel. 02101 / 41581

Bonsai-Studio Nabben
Baumschule Nabben
Schwarzer Weg 19
D-4040 Neuss-Reuschenberg
Tel. 02101./464478

Bonsai-Zentrum Münster
Wolfgang Klemend
Weseler Straße 57
D-4400 Münster/Westf.
Tel. 0251 / 45759

Helgas Bonsai Garten
H. + D. Newels
Altenfeldweg 9
D-6300 Gießen
Tel. 0641 / 492507

Bonsai-Garten Oberursel
Harro Peschmann
Adenauer-Allee 9
D-6370 Oberursel/Ts.
Tel. 06171 / 57150

Bonsai-Studio
Christa Triesch
Pappelweg 8
D-6472 Altenstadt-Waldsiedlung
Tel. 06047 / 1238

Bonsai-Studio Baden-Baden
G. Pfisterer
Friesenbergstraße 27
D-7570 Baden-Baden
Tel. 07221 / 26285

Blumen Horsch
Im Kolpinghaus
Hindenburgstraße 31
D-8850 Donauwörth
Tel. 0906 / 4102

Bonsai-Garten-Atelier Zürich
E. Gutmann
Laufferweg 8
CH-8006 Zürich
Tel. (0041)(0)1 / 4826459

Bonsai-Atelier Rieterpark
Gablerstraße 3
CH-8002 Zürich
Tel. (0041)(0)1 / 4826459

Garten-Center Waffenschmidt
Bert Stankowski
CH-8332 Russikon
Tel (0041)(0)19 / 540406

Handgefertigte Bonsai-Schalen

Petra Engelke
Meisenburgstraße 195
D-4300 Essen 1
Tel. 0201 / 715754

Peter Krebs
Oststraße 9
D-6348 Herborn
Tel. 02772 / 42413

Bonsai-Clubs

Schweiz
SBC
Schweizer Bonsai-Club
5107 Schinznach-Dorf AG

Deutschland
Verein europäischer Mininaturbaumfreunde e.V.
Postfach 106209
6900 Heidelberg

Österreich
Österreichischer Bonsai-Club
Zaunmüller-Straße 1
A-4020 Linz